Costa Brava
Barcelona

Reisen mit
Insider Tipps

W0049215

Diesen Führer schrieb Norbert Lewandowski.
Die Aktualisierung besorgte Horst H. Schulz.
Der freie Journalist lebt seit 1987 in Spanien,
u. a. in Barcelona.

marcopolo.de
Die aktuellsten Insider-Tipps finden Sie unter
www.marcopolo.de, siehe auch Seite 97

MAIRS GEOGRAPHISCHER VERLAG

SYMBOLE

 MARCO POLO INSIDER-TIPPS:
Von unseren Autoren für Sie entdeckt

★ **MARCO POLO HIGHLIGHTS:**
Alles, was Sie an der Costa Brava kennen sollten

 HIER HABEN SIE EINE SCHÖNE AUSSICHT

🏃 **WO SIE JUNGE LEUTE TREFFEN**

PREISKATEGORIEN

Hotels		Restaurants	
€€€	über 70 Euro	€€€	über 40 Euro
€€	45–70 Euro	€€	20–40 Euro
€	bis 45 Euro	€	bis 20 Euro

Die Preise gelten für ein Doppelzimmer, meistens mit Frühstück.

Die Preise gelten für ein Menü mit Vor-, Haupt- und Nachspeise inklusive Getränk.

KARTEN

[108 A1] Seitenzahlen und Koordinaten für den Reiseatlas Costa Brava

[U A1] Koordinaten für die Barcelona-Karte im hinteren Umschlag

[0] außerhalb des Kartenausschnitts

Karten zu Figueres, Girona, Sant Feliu de Guíxols und Tossa de Mar finden Sie auf den Seiten 114 und 115.

Zu Ihrer Orientierung sind auch die Orte mit Koordinaten versehen, die nicht im Reiseatlas eingetragen sind.

GUT ZU WISSEN

Sardana 11 · Zweisprachigkeit 16 · Katalonische Spezialitäten 20
Das Grab von Salvador Dalí 36 · Habaneras 54

INHALT

DIE BESTEN MARCO POLO INSIDER-TIPPS .... vorderer Umschlag

DIE WICHTIGSTEN MARCO POLO HIGHLIGHTS 4

AUFTAKT 7
Entdecken Sie die Costa Brava!

Geschichtstabelle 8

STICHWORTE 13
Zwei Sprachen und drei Tage Sturm

ESSEN & TRINKEN 19
Köstlichkeiten aus Garten und Meer

EINKAUFEN 23
Kulinarisches und Kunst

FESTE, EVENTS UND MEHR 24

KURZBESUCH IN BARCELONA 26

ALT EMPORDÀ 31
Burgen, Berge, Meer und Strand

BAIX EMPORDÀ 51
Landschaft mit vielen Gesichtern

GIRONA UND LA SELVA 69
Küste der Gegensätze

AUSFLÜGE & TOUREN 81
Traumbuchten und Surrealismus

SPORT & AKTIVITÄTEN 87
Abschlag, Aufschlag, Wellenrauschen

MIT KINDERN REISEN 91
Coole Tipps für Wasserratten

ANGESAGT! 94

PRAKTISCHE HINWEISE 95
Von Anreise bis Zoll

SPRACHFÜHRER 101

REISEATLAS COSTA BRAVA 105
KARTENLEGENDE REISEATLAS 107
MARCO POLO PROGRAMM 117
REGISTER 118
IMPRESSUM 119
BLOSS NICHT! 120

Die wichtigsten
MARCO POLO Highlights

Sehenswürdigkeiten, Orte und Erlebnisse, die Sie nicht verpassen sollten

 Barcelona
Ob Gotisches Viertel, Ramblas oder große Kunst – die Stadt zwischen Tradition und Moderne bietet Attraktionen nicht nur für einen Tagesbesuch (Seite 26)

 Cadaqués
Hier atmet der Geist des Alt Empordà und des großen Surrealisten Salvador Dalí (Seite 31)

 Teatro Museo Dalí in Figueres
Die Ausstellung im ehemaligen Stadttheater wirft ein Licht auf die Phantasiegebilde des großen Malers (Seite 36)

 El Port de la Selva
Meer, Berge und ein idyllischer Fischerort an einer weiten Bucht (Seite 43)

 Parc Natural dels Aiguamolls de l'Empordà
Im größten Sumpfgebiet Kataloniens kann man seltene Wasservögel aus nächster Nähe beobachten (Seite 49)

 Cap de Begur
Die schönsten Badebuchten der Küste, von Felsen und Pinien umgeben (Seite 53)

 La Bisbal
Die Hauptstadt des Baix Empordà lädt zum Einkauf echter spanischer Keramiken ein (Seite 53)

Cadaqués mit seiner Pfarrkirche

Teatro Museo Dalí in Figueres

 Peratallada
Spaziergang durch ein mittelalterliches Dorf, das kein Dorf
mehr ist (Seite 56)

 Ullastret
Wo die Wiege Spaniens
stand – eine Ruinenstadt der
Iberer und ihre spannende
Geschichte (Seite 56)

 Sant Feliu de Guíxols
Der perfekte Badeort für die
ganze Familie: mit hübscher
Innenstadt zum Bummeln,
aber ohne großen Trubel
(Seite 64)

 **Küstenstraße nach
Tossa de Mar**
Eine Fahrt mit vielen
Perspektiven: Blick über
Buchten und Meer (Seite 67)

 Jardí Botànic Marimurtra
Die ganze Mittelmeerflora
können Sie im großen
botanischen Garten über dem
Meer in Blanes bewundern
(Seite 69)

Traumbucht am Cap de Begur

 Girona
Pause von Sonne und Strand,
dafür viel Kultur in einer alten
Stadt (Seite 70)

 Lloret de Mar
Das Touristenbabel der
Costa Brava – entweder
man fährt sofort wieder ab,
oder man kehrt immer
wieder zurück (Seite 73)

 Tossa de Mar
Mittelalterliches Flair und
feiner Strand machen den
Charme dieses Städtchens
aus (Seite 76)

 Die Highlights sind in der Karte auf dem hinteren Umschlag eingetragen

Entdecken Sie die Costa Brava!

Fischerdörfer, Naturparks, Seebäder, Trubel, Kunst und Kultur: Die Costa Brava ist so vielfältig wie die Wünsche der Urlauber

Von den wie ein Riegel zwischen Frankreich und Spanien aufragenden Pyrenäen bis hin zum Städtchen Blanes trägt diese über 200 km lange Küste das Attribut »wild«, die Costa Brava. Der Journalist Ferran Agulló soll ihn Mitte des 20. Jhs. auf einem Festbankett im Kreise von Kollegen geprägt haben. Was er damit genau gemeint hat, ist nicht überliefert. Jedenfalls kann der Taufpate nicht die wilden Nächte in den Touristenzentren gemeint haben, denn die gab es damals, in den frühen 1950er-Jahren, noch nicht. Tatsache ist, dass sich das Land hier, der Norden der Autonomen Region Katalonien, durch eine recht wild zerklüftete Küste vom Mittelmeer abgrenzt.

Ein Schwätzchen auf der Straße

Costa Brava: Das sind die kleinen Fischerorte im Norden, wie Cadaqués und Palamós, die charmanten Seebäder wie Sant Feliu oder Tossa und die Kulturzentren wie Girona und Figueres. Wer nicht nur Strandleben genießen möchte, findet zudem viele Möglichkeiten, die Ferien aktiv zu gestalten. In den Naturparks von Cap Creus und Em-

An der Küste des Baix Empordà gibt es die schönsten Badebuchten

pordà können Sie herrlich wandern, am Meer gibt es Tauchgründe, Segelreviere und Surfstrände. Ganz neu zu entdecken sind die kleinen Städte im Hinterland. Dort trifft man noch auf wirklich spanisch-katalanisches Leben, und preiswerter als an der Küste ist es allemal.

Land des Meers und der Berge – dazwischen liegen nicht mehr als 50 km. Einige größere Ebenen breiten sich in dem Gebiet aus, etwa die Flussmarschen östlich von Figueres oder bei La Bisbal. Doch überwiegend wellt sich das Land in Hügeln sanft dahin. Früher dehnten sich große Pinien- und Eichenwälder aus, exzessiver Schiffsbau im Mittelalter hat viel davon vernichtet. Doch von Pinien eingerahmte Meeresbuchten sind nach wie vor

Geschichtstabelle

5000 v. Chr. Erste Siedlungen von Steinzeitmenschen

218 v. Chr. Die Römer erobern die Iberische Halbinsel

49 v. Chr. Julius Cäsar in Barcelona

419 Die Westgoten erobern Nordspanien und Barcelona, nennen das Land »Gotalonien«

988 Barcelona wird unabhängig

1137 Vereinigung der Königreiche Katalonien und Aragón

1212–1235 König Jaime I. von Aragón erobert die Baleareninseln. Bis ins 14. Jh. bleibt Katalonien die beherrschende Macht im westlichen Mittelmeer

1469 Ferdinand, Kronprinz von Aragón, heiratet Isabella, die Thronerbin des Königreichs Kastilien. Damit werden beide Reiche zusammengeschlossen

1492 Kolumbus entdeckt Amerika. Der König empfängt ihn nach seiner Rückkreise im Königspalast von Barcelona

1641 Aufstand in Barcelona gegen die Spanier. Er wird erst nach zehn Jahren niedergeschlagen

1714 Spanisch wird Amtssprache in Katalonien

1859 Die Renaixenca beginnt ihren Kampf für die kulturelle Eigenständigkeit Kataloniens

1888 Erste Weltausstellung in Barcelona

um 1900 Beginn des Fremdenverkehrs an der Costa Brava

1931 Die Spanische Republik wird ausgerufen. Katalonien erhält die angestrebte Autonomie

1936 Beginn des Spanischen Bürgerkriegs. Das katalonische Autonomiestatut wird aufgehoben

1939 Ende des Bürgerkriegs, der eine Million Menschenleben gekostet hat. General Franco erobert Barcelona. Katalonien existiert nicht mehr

1975 Franco stirbt. Juan Carlos wird König

1977 Erste freie Parlamentswahlen

1979 Katalonien erhält seine Autonomie zurück

1986 EG-Beitritt Spaniens

1992 Barcelona und einige Städte der Costa Brava sind Austragungsorte der Olympischen Sommerspiele

2002 Der Euro löst die Peseta als Landeswährung ab

Schroffe Felsen und blaues Wasser an der Küste bei Tossa de Mar

ein Markenzeichen dieses Teils der Mittelmeerküste.

Die Garnelen von Palamós und die Sardinen der Nordküste haben die Costa Brava in Spanien populär gemacht. Sie ist jedoch nicht nur berühmt für den Fischfang. Im Hinterland der Küste blüht eine vielfältige Landwirtschaft. Die Dörfer sind gepflegt, die Felder gut bestellt. Hier sieht man Olivenhaine, Wein- und Getreidefelder, Äcker mit Artischocken, Tomaten und Auberginen, außerdem Eichen- und Korkeichenwälder. Die Korkeichen bildeten für Jahrhunderte die Basis für einen bedeutenden Industriezweig; im Wettbewerb mit synthetischen Produkten hat Naturkork heute jedoch an Bedeutung verloren. Je weiter man landeinwärts fährt, desto rauer wird es. Bald rücken die Gipfel der Pyrenäen und ihrer Ausläufer nahe, statt starker Traktoren kreuzen Schafherden den Weg.

Die Sommer sind warm, die Winter mild

Das Land ist wasserreich. Einige Bäche und Flüsse kommen von den Bergen herab und münden ins Meer. Die beiden wichtigsten sind der Riu Ter und der Riu Fluvià. Auch sie haben große Bedeutung für das Land, weil in ihren Niederungen das Land fruchtbar ist und mit seinem Lehm- und Tongehalt die Basis für die Töpfereien im Baix Empordà liefert. Das Baix Empordà ist eine von vier *comarcas* an der Costa Brava, die den deutschen Landkreisen entsprechen. Die anderen sind das Alt Empordà im Norden, Girona im Innern und La Selva im Süden.

Die Costa Brava hat ein ausgeglichenes Klima. Die Sommer sind warm, die Winter mild, und es regnet wenig. Einen Schatten auf diese klimatische Idylle wirft die Tramontana. Dieser stürmische Wind fegt von den Pyrenäen herab und rüttelt nicht nur an den vertäuten Fischerbooten. Mit seiner Heftigkeit zerrt er auch an

Idyllisches Strandleben im Fischerdorf Calella de Palafrugell

den Nerven der Menschen. Zum Glück geht er nach wenigen Tagen wieder.

Das Meer nagt an diesem Land, hat sich hineingefressen und Stücke herausgerissen. Geblieben sind unzählige Felsbuchten, zum Teil derart geschützt, dass natürliche Häfen entstanden sind. Diese Küstenformation fanden die ersten Siedler ideal. Man hatte Zugang zum Meer und zu seinen Fischgründen, man konnte Werften und somit Schiffe bauen. Die Handelswege hinaus aufs Meer standen offen, und man konnte sich bei drohenden Piratenangriffen in die Hügel des Hinterlandes zurückziehen.

» *Das Meer nagt an diesem Land* **«**

Die Ersten waren die Iberer. Ihre Siedlungen sind die Wiege Spaniens, das war vor etwa 7000 Jahren. Es folgten Griechen, Römer und Westgoten. Später kamen weitere Einflüsse hinzu, aus dem maurischen Süden Spaniens und aus Nordeuropa. So entstand eine Melange, die bis heute die katalanische Kultur prägt. Viele Spuren dieser vielfältigen und reichen Vergangenheit können noch verfolgt und angeschaut werden. Die antike iberische Siedlung Ullastret oder die römische Stadt Empúries sind ebenso Beispiele dafür wie die Burgen aus dem Mittelalter, die Wehrkirchen und Klöster.

Es war ebenfalls die Costa Brava, die zum ersten Ziel des Massentourismus in Spanien wurde. Anfang der 1950er-Jahre kamen die ersten Touristen aus den nord- und mitteleuropäischen Ländern. Sonne, Strand und das Klischee von der spanischen Lebensart sowie niedrige Preise zogen zunächst nur einige Tausend an. Doch jedes Jahr kamen mehr. An der Küste setzte ein Bauboom ein, der durch eine unglaubliche Spekulation immer weiter angeheizt wurde. Es entstanden die bekannten Hotelhochbauten und Touristenzentren wie Platja d'Aro oder Lloret de Mar. Diese Orte prägen das Image der Costa Brava. Was die einen als Ziel aller Urlaubsträume sehen – billiges, lautes und schnelles Vergnügen rund um die Uhr –, erzeugt bei anderen große Abneigung.

Die Katalanen haben in Spanien das Image, fleißig, ordentlich, geschäftstüchtig, aber auch übertrieben sparsam zu sein. Sie gelten als verschlossen. Ihr Temperament hat nichts mit der leichten Unbeschwertheit ihrer Landsleute im Süden Spaniens gemein. Wenn man durch das Gebiet der Costa Brava reist, bestätigt sich dieses Bild. Die Orte sind gepflegt, die Läden gut sortiert, das Personal freundlich und bemüht. Doch jenseits der geschäftlichen Kontakte mit den Touristen lebt man gern für sich.

Mit der Demokratie in der Zeit nach Franco hat Katalonien wieder mehr Eigenständigkeit erhalten. Wirtschaftlich gesehen ist es stark, es erbringt den größten Anteil am gesamtspanischen Bruttosozialprodukt. In kultureller Hinsicht durften die Menschen wieder an ihre katalanischen Wurzeln anknüpfen, ihre unter Franco verbotenen Bräuche ausleben und ihre eigene Sprache sprechen.

Die Liebe zu ihrer Heimat eint die Katalanen

Natürlich prägt auch die Landschaft die Menschen. Da die Costa Brava ein Land zwischen Meer und Gebirge ist, sind auf diesem Fleckchen Erde viele verschiedene Charaktere anzutreffen: knorrige Fischer, listige Bauern, agile Geschäftsleute und schweigsame Schafhirten. Was sie eint, ist die Liebe zu ihrer Heimat und ihrer Kultur. Wenn Katalanen zusammen sind und sich in ihrer eigenen Sprache, dem Catalá, unterhalten, spürt man die Verbundenheit mit ihrem Land – einem Land voller Schönheiten und mit vielen Möglichkeiten für einen erholsamen Urlaub an der »wilden Küste«.

Sardana

Der Kreistanz ist ein Symbol für die katalanische Identität

Man tanzt ihn im Kreis, diesen urkatalanischen Tanz. Die Musik spielt ein Orchester, in dem eine *tenora,* eine Art Oboe, dominiert. Auch wenn es für manche eher langweilig aussehen mag: Die Katalanen stehen total darauf. Zwei Leute fangen an, abwechselnd in kurzen und langen Schritten, sich an den Händen haltend, einen fiktiven Mittelpunkt tänzerisch zu umschreiben. Nach und nach gesellen sich Vorbeikommende hinzu – Kinder, Männer, Frauen, Alte und Junge. Der Ursprung der Sardana liegt in Figueres.

Zwei Sprachen und drei Tage Sturm

Hier erfahren Sie mehr über Kunst, Kultur und den Buchstaben X

Araber

Der Ansturm der Mauren auf die Iberische Halbinsel bedrängte das Reich der Westgoten, die knapp 300 Jahre über das heutige Spanien geherrscht hatten. 711 n. Chr. hatten die Araber dieses Gebiet und damit auch die Costa Brava endgültig erobert. Ihr Vormarsch schien unaufhaltsam. Sie drangen nach Frankreich ein und wurden erst 732 bei Poitiers vom fränkischen Hausmeier Karl Martell, dem Vorsteher der Hofhaltung, zurückgeschlagen. Die Araber brachten eine hoch entwickelte Kultur nach Katalonien. Ihre Herrschaft an der Costa Brava währte jedoch nicht lange. Karl der Große eroberte 795–811 das Gebiet zwischen Barcelona und Girona zurück und errichtete eine so genannte Spanische Mark, eine Art Pufferzone zwischen Muslimen und Christen. Die Grenze zum islamischen Spanien verlief noch jahrhundertelang nur wenige Kilometer südlich von Barcelona.

Borbón

Das spanische Königshaus. Seit dem Tod des Diktators Franco 1975

Große Kunst:
Teatro Museo Dalí in Figueres

regiert König Don Juan Carlos de Borbón y Borbón im Rahmen einer Monarchie auf parlamentarisch-demokratischer Grundlage. Juan Carlos ist Spross des spanischen Zweiges des französischen Herrschergeschlechts der Bourbonen. Sein Vater war Graf von Barcelona.

Corrida

Stierkämpfe, das blutige Sonntagsvergnügen der Spanier, werden vom Frühjahr (nach Ostern) bis Herbst (September) auch an der Costa Brava veranstaltet. Abgesehen von Barcelona ist der Zulauf nicht so groß wie beispielsweise in Kastilien oder Andalusien. Umgekehrt mehren sich in Katalonien sogar die kritischen Stimmen, die im Stierkampf nur blutrünstige Tierquälerei sehen. So hat Tossa de Mar an der Costa Brava als erste Stadt Spaniens die Corrida verboten.

Dalí

Laut eigenem Urteil war er »der größte Maler der Welt«. Salvador Dalí wurde 1904 als Sohn eines katalanischen Notars in Figueres geboren. 1929 zog der damals schon weltberühmte Surrealist mit seiner Frau Gala in den Geburtsort seines Vaters, Port Lligat bei Cadaqués. Im

Berühmtes Werk von Antoni Gaudí: die Sagrada Família in Barcelona

Gegensatz zu anderen Künstlern floh Dalí während der Franco-Zeit nicht ins Exil, sondern arbeitete in seiner katalonischen Heimat weiter, von dem Machthaber als großer Künstler verehrt. Das hat ihm noch zu Lebzeiten viel Kritik eingetragen. Dalí sah sich als hundertprozentiger Katalane, was ihn aber nicht daran hinderte, den Großteil seines Lebenswerkes dem spanischen Staat zu vermachen – zum Ärger der katalonischen Regierung. Denn nun sind viele Bilder in Madrid ausgestellt und nicht im Dalí-Museum von Figueres.

Flamenco

Natürlich wird dieser Tanz auch in den Touristenzentren der Costa Brava als typische spanische Kultur angeboten. Zur Tradition Kataloniens passt er jedoch nicht. Der Flamenco, eine von Zigeunern tradierte Musik- und Tanzform vermutlich arabischen Ursprungs mit jüdischen

Elementen, stammt eigentlich aus Andalusien. Und nur dort – Ausnahmen: Madrid, Barcelona – ist er in seiner ursprünglichen leidenschaftlichen Form bis hin zur Ekstase zu hören und zu sehen. In den Flamencoshows in den Nacht- und Folkloreclubs der Costa Brava wird man ihn mit Sicherheit nicht erleben. Touristenfängerei!

Gaudí

Antoni Gaudí, der berühmteste Architekt Kataloniens, wurde 1852 in Reus geboren. Er war der absolute Meister des Modernisme, jenes phantasiebeladenen Jugendstils aus Barcelona. Meisterwerke: Wohn- und Geschäftshäuser am Passeig de Gràcia, der Parc Güell und natürlich die Sagrada Família, jener bizarre Modernisme-Dom von Barcelona, an dem seit über 100 Jahren gebaut wird und dessen Fertigstellung noch immer in weiter Ferne liegt. Die Kirche gilt trotzdem als einer der bedeutendsten modernen Sakralbauten der Welt. Gaudí starb 1926 in Barcelona: Er wurde von einer Straßenbahn überfahren.

Hellenen

Die alten Griechen kamen schon sehr früh an die Costa Brava. Bereits im 6. Jh. v. Chr. gründeten sie die Siedlung Palaiopolis, die 100 Jahre später zur Neopolis erweitert wurde – eine regelrechte Stadt. Später kamen die Römer und nannten den ganzen Komplex Empurias, nach dem griechischen Wort Emporion für Handelsplatz. Die Ruinen sind noch heute zu sehen. Auch der Fischereiort Roses geht auf eine griechische Gründung zurück. Im 4. Jh. v. Chr. kamen Siedler aus Rhodos. Sie nannten ihre Kolonie Rhode, woraus im Lauf der Jahrhunderte der Ortsname Roses wurde.

Iberer

Die vorindogermanische Bevölkerung Spaniens. Die Iberer siedelten auch an der Costa Brava. Von ihnen sind eisenzeitliche Erzeugnisse erhalten. Die iberische Schrift wurde bislang nicht entziffert. Im 6. Jh. v. Chr. vermischten sich die Iberer mit den von Norden über die Pyrenäen eindringenden Kelten zu den Keltiberern, die später von Phöniziern, Griechen und Römern überrannt wurden.

Juden

Die ersten jüdischen Familien an der Costa Brava ließen sich um 890 n. Chr. in Girona nieder. Sie lebten in einem Stadtteil für sich, dem *call*. Enge Gassen mit mehrstöckigen Häusern, kleinen Gärten und versteckten Innenhöfen, die Synagoge in unmittelbarer Nähe, bildeten den Lebensraum. Die Juden genossen Autonomie, die steuerlich belegt war und ihnen, besonders seitens des katholischen Klerus, ständige Anfeindungen eintrug. Nach vielen Verfolgungen wurden sie 1492 durch königliches Dekret ausgewiesen. Zurück blieben die so genannten Judenviertel, wie zum Beispiel in La Bisbal.

Miró

Der zweite katalanische Maler, der im 20. Jh. Weltruhm erlangte. Joan Miró wurde 1893 als Sohn eines Uhrmachers und Goldschmieds in Montroig bei Barcelona geboren. Seine Bilder, Lithografien und Plastiken sind aus der Geschichte der modernen Kunst nicht mehr wegzudenken. Eine seiner berühmtesten Skulpturen ist der »Sonnenvogel«. Mirós Werke wurden auf Plakatdrucken in aller Welt populär, obwohl etliche Käufer gar nicht wussten, was sie da gerade erworben hatten. Seine Farbkompositionen, seine skurrilen, lebendigen Formen erschlossen auch Leuten den Zugang zur modernen Kunst, die sonst ratlos davor standen. Das Motto des Malers:»Hauptsache ist, die Seele zu entblößen.« Joan Miró starb 1983 auf seinem Alterssitz auf Mallorca.

Naturparks

Nachdem sich der Bauwahn an der Costa Brava einigermaßen gelegt hat und der Umweltschutz auch in Spanien immer mehr an Bedeutung gewinnt, wurden einige interessante Naturparks eingerichtet. Der bedeutendste ist Aiguamolls de l'Empordà, mit 50 km^2 eines der größten spanischen Sumpfgebiete in der

Die Katalanen sprechen von jeher eine eigene Sprache. Obwohl die katalanischen Behörden sich bemühen, das Catalá durchzusetzen, wird es, außer vielleicht in den ländlichen Gebieten, weniger häufig benutzt als Spanisch. Der Zuzug aus anderen Gebieten und aus dem Ausland lässt das Spanische weiterhin dominieren, sodass man auch an der Costa Brava Mischformen begegnet. Besonders bei der Beschilderung von Plätzen und Straßen macht sich dies bemerkbar. In diesem Reiseführer wird in erster Linie die katalanische Schreibweise wiedergegeben.

Empordà westlich des Golfs von Roses und eine wichtige Durchgangsstation für Zugvögel. Sogar Flamingos und Störche können beobachtet werden (Information in El Cortalet an der Straße zwischen Sant Pere Pescador und Castelló d'Empúries).

Die Medes-Inseln vor der Küste von L'Estartit sind ein Unterwasserparadies für seltene Fauna und Flora. Korallenriffe beherbergen bis zu 600 Tierarten. In den zahlreichen Unterwassergrotten und -höhlen fühlen sich auch große Fische wie Meeraal, Katzenhai und verschiedene Rochenarten wohl.

Orwell

Eigentlich heißt der Autor des berühmten Romans »1984« Eric A. Blair. Bekannt wurde er jedoch unter seinem Pseudonym George Orwell. Orwell kam 1936 nach Barcelona und begann mit seinem Roman »Hommage to Catalonia« (»Mein Katalonien«), den er als sein bestes Werk bezeichnete. Während des Spanischen Bürgerkriegs kämpfte er als Korporal in der Miliz der marxistischen Arbeiterpartei Poum gegen Franco. Im Mai 1937 erlitt er einen Halsdurchschuss. Vier Wochen später floh Orwell mit seiner Frau über die grüne Grenze nach Frankreich.

Peralada

In diesem Weinanbaugebiet nordöstlich von Figueres werden sehr schöne frische und trockene Weißweine produziert, die ideal zu Fisch, Muscheln und Schaltieren passen. Unbedingt probieren sollte man auch den Sekt der Peralada, den die Spanier großzügig *champán* nennen.

Ramblas

Die baumumsäumten Alleen in den meisten Orten der Costa Brava sind vor allem am Abend der Mittelpunkt des örtlichen Lebens. Hier wird flaniert und musiziert, gebettelt, gegessen und getrunken. Die berühmteste Rambla ist die von Barcelona.

Siesta

Jeder Costa-Brava-Urlauber sollte sich an diese spanische Sitte gewöhnen. Siesta – das ist die Mittagspause, die Ruhezeit während der größten Hitze des Tages. Sie beginnt (außer in Restaurants und Bars) um 13 Uhr und endet zwischen 16 und 17 Uhr.

Tramontana

Der orkanartige Küstenwind der Costa Brava bläst im Frühjahr und Herbst, meist drei, vier Tage lang, peitscht das Meer auf – und die Menschen. Die Tramontana bringt fast jeden um den Verstand, sagen die Katalanen augenzwinkernd. Sie taucht auch in der Literatur des Landes auf: als – wenn auch keineswegs gefürchtete – Naturgewalt, die dem Menschen Phantasie und Triebe aufstachelt.

Wirtschaft

Die Autonome Region Katalonien (mit den Provinzen Girona, Barcelona, Lleida und Tarragona) hat ca. 7 Mio. Einwohner, von denen die Hälfte im Großraum Barcelona lebt. Katalonien ist der wichtigste spanische Wirtschaftsraum (20 Prozent des Bruttoinlandproduktes) mit Automobilbau in Barcelona und chemischer Industrie in Tarragona. Ein besonders einträglicher Wirtschaftszweig ist der Tourismus: ca. 12 Mio. Urlauber reisen pro Jahr hierher. Daneben spielen die Fischerei (z. B. in Roses und L'Escala) und die Landwirtschaft immer noch eine wichtige Rolle. Neben Tomaten, Oliven und Obst wird hauptsächlich Wein angebaut, vor allem in der Appelation Empurdà-Costa Brava zwischen Roses und Cadaqués sowie südlich von Barcelona.

X

Dieser Buchstabe kommt in der katalanischen Sprache häufig vor. Beispiele: *xocolata* (Schokolade), *cotxa* (Auto). Ausgesprochen wird das X wie »sch« – also: Schokolata, Cotscha.

Tramontana – der perfekte Wind für geübte Surfer

Köstlichkeiten aus Garten und Meer

Gemüse, Pilze, Fleisch und Fisch vereinen sich in der Küche der Costa Brava zu ungewöhnlichen Gerichten

Wie in allen Gebieten Spaniens, so gibt es auch in Katalonien mit der Costa Brava eine regional geprägte Küche. Sie wird bestimmt durch die Nähe des Meeres, der Berge und die heimische Landwirtschaft. Was man isst, hängt davon ab, wo man isst. Das heißt, im Inland werden eher Fleisch, Geflügel und Gemüse gegessen, an der Küste kommen überwiegend Fischgerichte auf den Tisch.

Die felsenreiche Küste liefert verschiedene Meerestiere wie Sardinen, Brassen, Makrelen, Muscheln jeder Art, Langusten, Gambas, Tintenfische oder Seeteufel.

Kataloniens Landwirtschaft produziert Geflügel, Reis, Paprika, Artischocken, Kürbisse, Knoblauch, Mandeln, Auberginen, Bohnen, Zucchini, Zwiebeln und Tomaten, während die Wälder reich an Wild und Pilzen sind. Bei dieser Fülle wundert es nicht, dass im Lauf der Zeit aus diesen Ingredienzen ungewöhnliche Gerichte entstanden sind, die heutzutage mit modernen Methoden und einem neuen Bewusstsein verfeinert worden sind.

Pünktlich serviert: Erfrischung in surrealistischem Ambiente

Manches scheint in seiner Einfachheit der Küche der armen Leute entsprungen zu sein, ist aber dennoch köstlich – so beispielsweise das zu fast jedem Gericht gereichte *pa amb tomàquet,* geröstetes, mit Knoblauch und Tomate bestrichenes Brot. Eine andere populäre Beilage ist *allioli,* was nichts anderes als Knoblauch und Öl heißt, jedoch in verschiedenen Varianten, auch als Mayonnaise, auf den Tisch kommt.

Die *escalivadas* sind gegrillte Gemüse, vorzugsweise Zwiebeln und Paprika, die ein Bad in Olivenöl nehmen und auch kalt gegessen werden. Eine weitere Spezialität ist das *suquet,* ein dicker Fischtopf mit Bohnen oder Erbsen und Kartoffeln, einst das Hauptessen der Fischer. An Bord wurde es meist nur auf einer dicken Scheibe Brot serviert. *Zarzuela* ist eigentlich der Begriff für die spanische Operette, doch in diesem Fall handelt es sich um einen Fischtopf mit Gemüse aus allem, was es gerade auf dem Markt gibt.

Als Nachtisch ist die *crema catalana,* ein karamellisierter Pudding, sehr populär. Es gibt auch heimische Käsesorten, z. B. den *recuit,*

Insider Tipp

Katalonische Spezialitäten

Lassen Sie sich diese Köstlichkeiten gut schmecken!

Almejas con alubias – Venusmuscheln mit dicken Bohnen, eher ein Wintergericht. Die in wenig Öl gedünsteten, mit Weißwein abgelöschten Muscheln und die in Fischbrühe gegarten Bohnen werden zum Schluss ein paar Minuten zusammen gekocht

Arroz negro a la cazuela – Reis, Tintenfisch, Seeaal, Knoblauch, Öl, Tomaten und Zwiebeln werden angebraten und gekocht; später kommen gedämpfte Miesmuscheln und Reis hinzu, der sich von der Tinte der Tintenfische schwarz färbt

Bacalao – Trockenfisch, z. B. Kabeljau, an der Costa Brava auch *peixopalo* genannt. Wird beispielsweise mit einer Tomaten-Knoblauch-Sauce gereicht

Berenjena rellenos – mit Schweinefleisch *(carne de cerdo)* gefüllte Auberginen

Habas catalanas – mit Speckwürfeln gebratene dicke Bohnen, einfach, aber schmackhaft

Mongetes amb botifarra – Eintopf mit dicken Bohnen und *botifarra,* einer harten oder mitunter auch süßen Blutwurst, je nach Gegend

Pa amb tomàquet – mit Knoblauch und Tomate eingeriebenes, geröstetes Brot

Pimientos rellenos – gefüllte Paprika, jedoch nicht nur mit Reis, sondern auch mit Schweinefleisch und Tintenfisch, einer besonders pikanten Kombination

Rape Costa Brava – Seeteufel, zusammen mit Gambas gegrillt und dann mit einem frischen Salat kalt genossen

Sanfaina – Auberginen, Zucchini, Zwiebeln, Tomaten und Knoblauch werden zu einer Art Marmelade zerkocht und als Zugabe zu Kartoffelgerichten gereicht

Sardinas a la plancha – Sardinen, auf einer heißen Platte gegart und mit Knoblauch und Petersilie gewürzt, dürfen bei einer richtigen *sardinera,* einem Sardinenessen, nicht fehlen

Suquet – mit Bohnen oder Erbsen und Kartoffeln gekochtes Fischgericht

Zarzuela – Fischtopf, zubereitet meistens auf der Basis von *merluza,* einer Art Seehecht, der mit Gemüse, Muscheln, Garnelen und Knoblauch gedünstet wird. Dazu gibt es natürlich *pa amb tomàquet*

Entspannter Genuss mit Blick aufs Meer in einem Strandlokal

einen weichen Frischkäse aus Schafsmilch.

Zu allen Gerichten kann man einheimische Weine trinken. Hauptanbaugebiet ist die Comarca Girona, wo Weiß- Rosé- und Rotweine produziert werden. Eine Besonderheit ist der *garnatxa,* ein Süßwein, der es in sich hat.

Neben den in Spanien üblichen Kaffees wie *con leche* (mit Milch), *solo* (Espresso) oder *carajillo* (mit Rum oder Brandy) gibt es an der Costa Brava eine Besonderheit, den *cremat.* Die Basis ist Rum, dem man etwas Zucker, ein paar Kaffeebohnen, ein Stück Zitrone sowie etwas Zimt zugibt. Das Ganze wird heiß getrunken.

Für den Hunger zwischendurch gibt es *merienda.* Auf dieses Wort stößt man immer wieder in Spanien. Es umschreibt ein kleines Gericht, mehr als eine Tapa, weniger als ein komplettes Essen. Schon Cervantes schwärmte in einem Gedicht von den »Töpfen mit Aubergi-

nen und Stücken vom Kaninchen«. In neuerer Zeit ist es oft ein Stück Brot mit Schokolade, den ersten Hunger zur Nachmittagsstunde stillend. Heute gibt es diesbezüglich keine geschmacklichen Grenzen, an der Costa Brava kann es ein Tellerchen mit Sardinen oder mit ein paar Muscheln sein. Und, nicht zu vergessen: Eine *copa* gehört dazu, ein Glas Wein.

Etwas anders als mit der *merienda* verhält es sich an der Costa Brava mit der Tapa. Wird in Zentralspanien den Getränken stets eine kostenlose Gaumenfreude hinzugefügt, so tut man sich in Katalonien diesbezüglich schwer. *Tapar,* das heißt so viel wie zudecken. Und mit einem Tellerchen wurde früher das gefüllte Glas gegen lästige Insekten abgedeckt – eine Sitte, die heute an Bedeutung verloren hat. Tapas kommen überwiegend als zu bestellende und zu bezahlende Beilagen zu den Getränken auf den Tisch.

Kulinarisches und Kunst

Wer Ramsch nicht mag, stöbert in den Orten des Hinterlandes nach einheimischen Produkten

Die Touristenzentren an der Costa Brava haben sich mit ihrem Souvenirangebot auf das Publikum eingestellt. Modeschmuck, bedruckte T-Shirts, Kunsthandwerk aus Massenanfertigung und die unvermeidlichen *botas,* Ledertrinkbeutel in billiger Ausführung, sind populär. Hinzu kommen neuerdings chinesische Seidentücher, Holzschnitzereien aus Afrika sowie CD-Raubkopien fliegender Händler Seit der Einführung des Euro ist es einfacher geworden, die Preise mit denen von zu Hause zu vergleichen – und plötzlich merkt man, dass nicht alle Waren billiger sind, für die Spanien einst bekannt war.

Authentische Produkte der Region finden sich eher in den Orten des Hinterlandes, dort, wo die Einheimischen einkaufen. Auf den Wochenmärkten findet man z. B. viele Produkte aus bäuerlicher Produktion, wie Oliven, harte Würste, Honig, Maronen oder Käse. Die örtlichen *bodegas* haben heimische *cavas* (Sekt), Weine, Brandys und Liköre im Angebot, die preisgünstiger als in Nordeuropa sind.

Insider Tipp

Leuchtend bunte Töpferwaren in einem Keramikgeschäft in La Bisbal

Korbwaren und schöne Keramik vom Kaffeeservice über Blumentöpfe bis hin zu ganzen Essgeschirren findet man in der Gegend um La Bisbal, Dalí-Grafiken in Barcelona, Figueres, Girona und Cadaqués. Schuhe und Lederwaren sind ebenfalls preiswert und gut, und Raucher decken sich in den *éstancos,* den Tabakwarengeschäften, ein. Kubanische Zigarren sind beispielsweise bis zu 60 Prozent billiger als in Deutschland. Eine Fundgrube für oftmals kuriose Küchengeräte und Werkzeuge sind die Eisenwarengeschäfte, die *ferreterias.*

Insider Tipp

Beim Einkauf in den Markthallen sollte man sich nicht von den prächtig aufgetürmten Früchtebergen zum Betasten derselben verführen lassen: Die Marktfrauen reagieren meist ungehalten.

Und noch eine Besonderheit: In vielen Geschäften gibt es einen Automaten, aus dem man eine Nummer ziehen muss, die aufgerufen wird. Ist das nicht vorhanden und trifft man auf mehrere andere Kunden, so wird nach dem Letzten in der Reihe mit den Worten »Quien es el ultimo?« gefragt (Wer ist der Letzte?). So kann man sich Ärger ersparen.

Feste, Events und mehr

**Auf den Festas Majores werden die
Dorfheiligen mit Tanz und Kirmes geehrt**

Offizielle Feiertage

Behörden, Banken und Post sind
geschlossen, Geschäfte können
ebenfalls geschlossen sein.
1. Jan. *Año Nuevo (Neujahrstag);*
6. Jan. *Los Reyes Magos (Heilige*

Festa Major de la Mercè

Drei Könige); **Karwoche** *Viernes
Santo (Karfreitag);* Ostermontag
Lunes de Pascua; **1. Mai** *Día del
Trabajo (Tag der Arbeit);* **24. Juni**
*Sant Joan (San Juan, hl. Johannes,
Namenstag des Königs);* **15. Aug.**
*Asunción de la Virgen (Mariä
Himmelfahrt);* **11. Sept.** *Diada*

*Nacional de Catalunya (katalonischer
Nationalfeiertag);* **24. Sept.**
*Festa Major de la Mercè (Schutz-
patronin von Barcelona, nur hier
Feiertag);* **12. Okt.** *Día de la
Hispanidad (Kolumbus entdeckt
Amerika);* **1. Nov.** *Todos los Santos
(Allerheiligen);* **6. Dez.** *Día de la
Constitución (Tag der Verfassung);*
8. Dez. *Inmaculada Concepción
(Unbefleckte Empfängnis);* **25./26.
Dez.** *Navidad (Weihnachten)*

Besondere Veranstaltungen

Januar
28. *Festa Major* in Tossa de Mar.
Feuerwerk, *sardanas* und Kirmes

Februar/März
Karneval in fast allen größeren
Orten, besonders in Girona.
Umzüge und Straßentanz

März/April
Die ★ *Semana Santa,* die Oster-
woche, wird in fast allen Gemeinden
mit Prozessionen begangen

April
Insider Tipp 23. *Sant Jordi,* der Patron
Kataloniens, wird überall
mit Umzügen, *sardanas* und
öffentlichen Essen gefeiert

Mai

ab 3. *Festa de la Santa Creu,*
das Fest des hl. Kreuzes, wird in
Figueres mit Feuerwerk, Umzug
und *sardanas* begangen

Juni

22.–26. *Festa Major* in Palamós.
Der Patron der Stadt wird mit Feuerwerk, Tanz und *sardanas* geehrt
24. In ganz Katalonien wird
Insider Tipp *Sant Joan,* die Johannisnacht,
mit Tanz und Feuerwerk
lautstark begrüßt

Juli

Insider Tipp 16. *Festa del Carme:* Die Schutz-
heilige der Fischer wird in
Cadaqués, aber auch in den meisten
anderen Häfen mit Bootsprozessio-
nen, Tanz und öffentlichem Essen
gefeiert
23.–26. *Festa Major* in Lloret de
Mar und Blanes. Die Ortspatrone
werden mit *sardanas,* Straßentanz
und Kirmes gefeiert
25. *Concurso de Sardanas,* traditio-
neller Wettbewerb der *sardanas* in
Sant Feliu de Guíxols
Von Juli bis in den August gibt es
ein internationales *Musikfestival* in
Torroella de Montgrí

August

25. *Festa Major* in Toroella de
Montgrí. Kirmes, *sardanas* und
Feuerwerk. Das Gleiche in der
letzten Augustwoche auf der
Festa Major in Llafranc

September

11. *La Diada,* katalonischer
Nationalfeiertag, in vielen Orten
mit Umzügen und *sardanas*
Festa Major am dritten Sonntag
des Monats in Begur

Oktober/November

23. Okt.–1. Nov. *Festas de Sant
Narcís: sardanas* und Tanz sowie
kulturelles Beiprogramm wie
Kunsthandwerkermesse

Dezember

In der Vorweihnachtszeit wird
die *Fira de Santa Llúcia,* der
Weihnachtsmarkt von Barcelona,
vor der Kathedrale abgehalten

Sardana, der katalonische Volkstanz

Kurzbesuch in Barcelona

Große Museen und kleine Lokale, Flaniermeilen und enge Gassen – für eine Stippvisite oder länger

 Karte in der hinteren Umschlagklappe

[0] ★ Barcelona ist die Hauptstadt der Autonomen Region Katalonien. Nur einen Katzensprung von der Costa Brava entfernt trifft man auf eine überaus lebendige Metropole. Kultur, Wissenschaft und Wirtschaft haben der Stadt (2 Mio. Ew.) internationales Ansehen eingebracht, und die Olympiade von 1992 verhalf ihr zu weltweiter Bekanntheit. Besucher Barcelonas sind überrascht vom Nebeneinander alter Traditionen und moderner Urbanität, von Fortschritt und auch Rückständigkeit.

SEHENSWERTES

Viele Sehenswürdigkeiten können zu Fuß besucht werden. Weiter außerhalb liegende Ziele sind bequem per Metro oder Bus erreichbar. Eine weitere Möglichkeit bietet der Bus Turístic, ein offener Bus, der auf einer Rundfahrt an vielen der Sehenswürdigkeiten hält. Man kann zwischendurch aussteigen und mit dem nächsten Bus die Besichtigungsfahrt fortsetzen. *Tgl. ab 9 Uhr von der Plaça de Catalunya, Tageskarte 14 Euro*

Insider Tipp

Barri Gótic **[U D3–4]**

Das Gotische Viertel ist das Herz von Barcelonas Altstadt. Schon die Römer hatten hier ihre Quartiere. Ein Spaziergang durch die engen Gassen eröffnet Blicke in *colmadas,* Tante-Emma-Läden, und Eckkneipen, in denen das Mittagsmenü nicht mehr als 5 Euro kostet. In den letzten Jahren haben sich alternative Angebote etabliert, etwa Tai-Chi-Übungsräume, Esoterikläden und Galerien. Doch noch immer hallt die Pfeifmelodie der Scherenschleifer durch die Gassen, mit der sie ihre Dienste anbieten.

Insider Tipp

Boqueria [U D4]

In der bekanntesten Markthalle der Stadt können Sie sehen, was bei den Barcelonesern auf den Tisch kommt. Hier wird das gesamte Angebot des Landes und des Meeres appetitlich ausgebreitet. Und: In den Marktbars lassen sich vorzüglich Tapas und Weine probieren.

Catedral [U D3]

Mit dem Bau der gotischen Kathedrale Barcelonas wurde 1298 begonnen. Erst Mitte des 15. Jhs. war sie vollendet. Eine Besonderheit für ein Gotteshaus sind die auf einem Teich im palmenbewachsenen Innenhof schwimmenden Gänse. *Tgl. 8–13.30 und 17–19.30 Uhr; bei Nachtmessen auch länger, Plaça de la Seu*

Montjuïc [U B–C6]

Barcelonas grüne Lunge, mit einer alten Festung auf der Bergspitze, Museen und Amphitheater, mit olympischen Sportstätten und der Fußballarena des Erstligisten Barça, mit Wiesen, Springbrunnen und dem *Pueblo Espanyol,* einem kleinen Dorf, in dem typische Baustile spanischer Regionen nachgebildet sind. Nachts sollte man hier nicht allein umherwandern.

Insider Tipp Palau de la Música Catalana [U D3]

Von 1905 bis 1908 wurde an diesem prachtvollen Jugendstil-Meisterwerk gebaut. Der katalanische Jugendstil, auch als Modernisme bezeichnet, findet in diesem Gebäude seinen extravaganten Höhepunkt. Es finden häufig Konzerte statt, von Klassik über Pop bis Folkmusik. *Normalerweise außerhalb der Konzerte geschlossen*

Plaça Reial [U D4]

Unter den Arkaden locken Restaurants mit ihren Touristenmenüs, und an warmen Sommerabenden geht es in den Bierbars und davor hoch her. *Insider Tipp* Sonntags vormittags finden sich Briefmarken- und Münzsammler zu ihren Tauschgeschäften ein. Doch auch Taschendiebe und Dealer haben trotz Polizeipräsenz hier und in den umliegenden Gassen ihr Revier.

Ramblas [U D3–4]

Der touristisch meistbesuchte Abschnitt dieser Flaniermeile beginnt an der Plaça de Catalunya und endet kurz vor dem Hafen am Kolumbusdenkmal. Unter hohen Platanen halten Blumenstände, Porträtzeichner, Zeitungskioske und Kleintierhandlungen ihre Angebote feil, während Straßenkünstler als lebende Statuen posieren. Der Andrang der Touristen ist enorm, und erst im Morgengrauen ebbt der Besucherstrom ab. In den letzten Jahren haben die Ramblas wegen Ramschläden, aber auch wegen notorischer Diebstähle bis hin zu Raubüberfällen sowie Prostitution viel von ihrem früheren Charme verloren.

Sagrada Família [U D1]

Die immer noch nicht vollendete Kathedrale ist ein herausragendes Beispiel für die Baukunst von Kataloniens berühmtestem Architekten Antoni Gaudí. *April–Aug. tgl. 9–20 Uhr; Sept.–März tgl. 9–18 Uhr, Eintritt 5,10 Euro, Carrer Mallorca, 401*

MUSEEN

Fundació Joan Miró [U C5]

Sammlung von Mirós Arbeiten aus den Jahren zwischen 1914 und

Genießen in Barcelona: Spezialitäten der Küste mit Stadtpanorama

1978: Gemälde, Skulpturen, Zeichnungen und Textilarbeiten. *Di–Sa 10–19, So 10–14.30 Uhr (im Sommer werktags eine Stunde länger), Eintritt 7,20 Euro, www.bcn.fjmiro.es, Parc de Montjuïc*

Museu Contemporani Barcelona   [U C–D3]

Insider Tipp

Das auch MACBA genannte, vom US-amerikanischen Architekten Richard Meier entworfene Museum wurde 1995 in der damals noch recht heruntergekommenen Ciutat Vella, der Altstadt, eingeweiht. Neben einer eigenen Kollektion sind internationale Kunstausstellungen zu sehen. *Mo und Mi–Fr 11–19.30, Sa 10–20, So 10–15 Uhr (im Sommer werktags eine Stunde länger), Eintritt 4,80 Euro, www.macba.es, Plaça dels Àngels, 1*

Museu Marítim   [U D4]

Insider Tipp

Dieses Museum zeigt zahlreiche traditionelle, an der Mittelmeerküste gebaute und eingesetzte Boote im Modell. Daneben gibt es wechselnde Ausstellungen und viele Darstellungen aus dem maritimen Bereich. *Tgl. 10–19 Uhr, Eintritt 5,40 Euro, www.diba.es/mmaritim, Avinguda Drassanes, s/n*

Museu Picasso   [U E3]

Hier werden einige der wichtigsten Sammlungen des Genies gezeigt: Arbeiten aus der blauen und rosa Epoche. Dazu gibt es immer wieder Wechselausstellungen. *Di–Sa 10 bis 20, So 10–15 Uhr, Eintritt 4,80 Euro, www.museupicasso.bcn.es, Carrer Montcada, 15–23*

ESSEN & TRINKEN

El Convent   [U D4]

Küche des Marktangebots. Gemütlich, mittags ziemlich voll. Preiswerte Mittagsmenüs. *So geschl., Tel. 933 17 10 52, Carrer Jerusalem, 3 (gleich hinter der Boqueria), €*

La Gavina [U E4]
Hier gibt's erstklassigen Fisch. Man kann draußen sitzen, mit Blick auf den Alten Hafen und die Segelbootanleger. *Tgl., Tel. 932 21 20 41, Plaça Pa Villa, 1, €€€*

El Turia [U D4]
Alteingesessenes Restaurant mit katalanischer Küche. Es werden preiswerte Menüs angeboten. Nur bis 20 Uhr geöffnet! *So geschl., Carrer Petxina, 7 (neben der Boqueria), Tel. 933 17 95 09, €€*

EINKAUFEN

Wie meist in Spanien, gibt es immer noch Straßen, in denen ein und dieselbe Branche dominiert, sodass man auf kleinem Raum einen Angebotsvergleich anstellen kann.

Antiquitäten: Im *Barri Gòtic*, besonders in der *Carrer Banys Nous* [U D3]; Buchantiquariate: *Barri Gòtic*, [U D3]; Kleidung und Mode: *Passeig de Gràcia* [U C–D 2–3]; Kunst: *Carrer Montcada*, im Umfeld des Picasso-Museums [U E3]; Lebensmittel und Weine: *Boquería* [U D4]; Schuhe: *Carrer de Pelai* und *Portal de l' Àngel* [U D3]

ÜBERNACHTEN

Hotel Aneto [U D4]
Einfaches, zentral gelegenes Haus. *15 Zi., Carrer Carme, 38, Tel. 933 01 99 89, Fax 933 01 98 62, €€*

Insider Tipp
Hostal Pensión El Cantón [U E4]
Kleine, saubere und preiswerte Pension, nicht weit von den Ramblas. *29 Zi., Carrer Nou de Sant Francesc, 40, Tel. 933 17 30 19, Fax 933 02 22 67, hostalcanton@retemail.es, €*

Hotel Regina [U C3]
100 Jahre altes Traditionshaus, in zentraler Lage und 1996 renoviert. *102 Zi., Carrer Bergara, 4, Tel. 933 01 32 32, Fax 933 18 23 26, www.reginahotel.com, €€€*

AM ABEND

Insider Tipp
La Cova del Drac [U A1]
🏃 Moderner Jazz vom Feinsten. *Carrer Vallmajor, 33, Nähe Plaça Adria, Tel. 933 19 17 89*

Gran Teatre del Liceu [U D4]
Barcelonas elegantes Opernhaus wurde nach einem Brand Mitte der 1990er-Jahre vollständig renoviert. Glanzvolle Aufführungen mit internationaler Besetzung. *Ramblas/ Ecke Carrer Sant Pau*

Luz de Gas [U B3]
Hier beginnen die Rock- und Bluesvorstellungen nicht vor 24 Uhr und enden spät. *Carrer Muntaner, 246, Tel. 932 09 77 11*

La Paloma [U C4]
Schon die Jugendstilausstattung dieses 100 Jahre alten Tanzsaales begeistert. Besonders am Wochenende Tanz mit Livemusik ab 23 Uhr, ab 3 Uhr Hip-Hop. Publikum gemischten Alters. *Carrer del Tigre, 27, Tel. 933 01 68 97*

AUSKUNFT

Turisme de Barcelona [U D3]
Plaça de Catalunya, 17, im Untergeschoss, Tel. 906 30 12 82, www.barcelonaturisme.com, Mo–Sa 9 bis 21 Uhr, So 10–14 Uhr

Alles über Barcelona finden Sie im MARCO POLO Reiseführer »Barcelona«.

Burgen, Berge, Meer und Strand

Wandern in wilder Landschaft und Schwimmen in klaren Buchten

Wer mit dem Auto oder Motorrad aus Mitteleuropa kommend die Pyrenäen überquert hat, trifft zunächst auf eine raue Landschaft. Sie hat wenig mit dem zu tun, was sonst von der Costa Brava bekannt ist: Kahle Berge, vielfach mit Festungsruinen gekrönt, in Täler eingebettete Dörfer mit rohen Steinhäusern und karge Landflächen mischen sich zu einem auf den ersten Blick wenig anziehenden Bild. Weiter südlich, bei der Kreishauptstadt Figueres, wird die Landschaft lieblicher und bekommt etwas Vertrautes, Mittelgebirgsähnliches.

Und dann die Küste. Auch sie ist rau, macht dem Namen Costa Brava alle Ehre. Schroffe Felsen stürzen in die Brandung, das Meer hat tiefe Narben an Land hinterlassen, von weißen Sandstränden keine Spur. Erst wenn man richtig angekommen ist, wird man von einem eigentümlichen Charme überrascht. Das Wasser in den Buchten ist klar und blau. Duftende Kiefernhaine spenden Schatten. Das Meer reflektiert das Weiß der Dörfer; dort sitzen Frauen beim Netzeflicken

Nicht alltäglicher Dachreiter auf dem Dalí-Wohnhaus in Port Lligat

Weiße Fassaden in Cadaqués

und Fischer beim Dominospiel in verräucherten Bars. Es gibt vergleichsweise wenige Touristen. Fast werden sie noch als Mitbürger angesehen, werden nicht voll gedröhnt mit Diskos oder Gokartbahnen. Das Ambiente, ein wenig für die Fremden herausgeputzt, ist angenehm. Wer die Costa Brava ohne Touristenrummel erleben möchte, der ist im Norden gut aufgehoben – vorausgesetzt, man begibt sich nicht in ein ausgesprochenes Touristenzentrum wie Roses.

CADAQUÉS

[109 F4] ★ Wenn man sich Cadaqués aus Richtung El Port de la Selva nähert und sich durch die Serpentinen des Gebirges Richtung Meer gekämpft hat, glaubt man eine Hollywoodkulisse vor sich zu sehen: Eine kleine, gänzlich weiße Stadt (1500 Ew.) schmiegt sich an die Bucht, deren Wasser unwirklich blau strahlt. Die höchste Erhebung ist der Turm der barocken Pfarrkirche.

Berühmt wurde Cadaqués durch seine bedeutende Künstlerkolonie. Maler, Schriftsteller, Musiker fühlten sich vom »schönsten Dorf der Welt« angezogen: Pablo Picasso, Marcel Duchamps, Henri Matisse, Max Ernst, Paul Eluard, Federico García Lorca, André Breton, Gabriel García Márquez – und natürlich Salvador Dalí. Er verbrachte hier als Kind die Sommerferien auf dem elterlichen Gut und zog später mit seiner Frau Gala ganz in die Nähe von Cadaqués.

Dalí hat der Ort sein heutiges, unverfälschtes Ambiente zu verdanken. Während des Booms an der Costa Brava wollten auch die Fischer von Cadaqués mit großen Hotels und vielen Gästen ihr Geld machen. Dalí setzte sich vehement dafür ein, dass dieser Ort nicht auf solch entsetzliche Weise urbanisiert wurde.

Es ist ziemlich sinnlos, mit dem Auto ins Zentrum zu fahren. Es gibt zu wenige Parkplätze, dafür genügend am Rand des Ortskerns. Zu Fuß bis zum Strand und zur Rambla sind es von dort nur fünf Minuten.

SEHENSWERTES

Església Parroquial
Die alte Pfarrkirche Santa Maria wurde 1543 von Piraten zerstört. Der Nachfolgebau stammt aus dem 16./17. Jh. und wurde im barocken Stil errichtet. Kostbarstes Stück im Innern: der vergoldete Barockaltar von 1727, den Pau Costa geschnitzt hat. *Ortszentrum*

Picasso-Haus
Es liegt direkt am Strand neben der Casa Serinyena, dem weißen, hohen Haus mit den blauen Fensterrahmen. Leider kann das Picasso-Haus nicht besichtigt werden. Eine Fassadentafel erinnert an den Maler, der im Jahr 1910 hier wohnte.

MUSEUM

Museu Municipal de Arte
Werke von Dalí, Picasso und anderen Künstlern, die sich mit Cadaqués befasst haben. *Ostern–Sept. Mo–Sa 11–13.30 und 16–20.30 Uhr, So 11–13 Uhr, Carrer de Narcís Monturiol, 15, Eintritt 4,45 Euro*

ESSEN & TRINKEN

Can Josep
Einfaches Restaurant mit Fischgerichten. *Tgl., Carrer de Sant Antoni, kein Tel.,* €

Casa Anita
Gut und preiswert. Rustikale Küche. *Tgl., Carrer Miquel Rosset, 16, Tel. 972 25 84 71,* €

La Galiota
Im schlichten Speisesaal im ersten Stock wird erstklassige ampurdanische Küche serviert. Im Herbst und Winter nur am Wochenende, sonst tgl. geöffnet. *Carrer Narcís Monturiol, 9, Tel. 972 25 81 87,* €€

Sa Gambina
Preiswertes und gutes Restaurant, spezialisiert auf Meeresküche. *Tgl., Carrer Riba Nemesi Llorens, s/n, Tel. 972 25 81 27,* €€

EINKAUFEN

In Cadaqués gibt es zahlreiche Kunstläden und Galerien. Zu erwerben sind in erster Linie Reproduktionen von Werken Dalís und Picassos sowie kunsthandwerkliche Erzeugnisse wie Töpferwaren und Modeschmuck.

Libreria Passeig Marítim
Bücher über die Künstler und das Dorf: Dalí, Picasso, Cadaqués. Auch aktuelle Zeitungen und Zeitschriften werden angeboten. *Passeig del Mar, 6*

Wochenmarkt
Gemüse, Wein, Fische, Meeresfrüchte – jeden Montag von 8 bis 13 Uhr bietet sich ein bacchantisches Bild. *Riera, unweit der großen Parkplätze*

ÜBERNACHTEN
Hotel Blaumar
Gepflegtes Anwesen mit Garten und Pool, 21 Zimmer mit Klimaanlage. *Massa d'Or 21, Tel. 972 15 90 20, Fax 972 15 93 36, blaumar@grn.es, €€*

Marina
Im Zentrum, unweit vom Strand gelegen. *26 Zi., Carrer La Riera, 3, Tel. 972 25 81 99, €*

Playa Sol
Erstes Haus am Platz mit Swimmingpool und wunderschönem Blick über die Bucht von Cadaqués. *50 Zi., Platja Pianc, 5, Tel. 972 25 81 00, Fax 972 25 80 54, playasol@publintur.es, €€€*

FREIZEIT & SPORT
Cadaqués hat nicht die schönsten Strände, sie sind steinig, eignen sich aber für viele Wassersportarten. Die wichtigsten: *Platja de Sa Conca,* südlich gelegen, tiefes Wasser, mit Bar/Restaurant; *Platja Gran,* nördlich, flaches Wasser (auch zum Windsurfen), Duschen und Bar/Restaurant; *Platja del Ros,* nördlich, flaches Wasser, mit Dusche.

MARCO POLO Highlights
»Alt Empordà«

★ **Cadaqués**
In diesem weißen Fischerort gibt es keine Hochhäuser, dafür aber viel Atmosphäre (Seite 31)

★ **El Port de la Selva**
Weiße Häuser und blaues Meer sind die Markenzeichen dieses Fischerdorfes an weiter Bucht (Seite 43)

★ **Teatro Museo Dalí in Figueres**
Bunte Phantasien Dalís – ein Muss für Freunde seiner Kunst (Seite 36)

★ **Parc Natural dels Aiguamolls de l'Empordà**
Seltene Wasservögel und Spaziergänge in einem großen Naturpark (Seite 49)

Cadaqués bietet die richtige Atmosphäre für einen schönen Abend

Wassersport

Club de Vela, Platja Gran, kein Tel., nur im Sommer

    Escola Nàutica Cap de Creus, am Strand von Port Lligat, kein Tel., nur im Sommer

AM ABEND

Café Galeón

🏃 Das Café ist Szenetreff am Abend, die Gäste kommen aus aller Herren Länder. Sie bringen alle ihre Hunde mit. *Plaza, 15 (Passeig)*

Casino de Cadaqués

Insider Tipp

Treff von Touristen und Einheimischen, geöffnet fast rund um die Uhr. Mit Bibliothek und Ausstellungen, Internetzugang. *Plaça Dr. Tremols, 1, Tel. 972 25 82 68*

Espoal

Die hübsche Bar liegt am Ende der Bucht, ein nettes Ausflugsziel. *Carrer d'es Pianc, 3*

La Habana

Gemütlichste Bar von Cadaqués, der Chef greift zur Gitarre und trägt Chansons vor. *Punta d'en Pampa*

L'Hostal

🏃 Einer der besten Jazzclubs Spaniens. Mick Jagger und Gabriel García Márquez waren schon Gäste. Dalí malte das Bar-Logo. *Passeig, 8*

AUSKUNFT

Oficina Municipal de Turisme

Carrer Cotxe, 2, Tel. 972 25 83 15, Fax 972 15 94 42, Mo–Sa 10–13 und 17–20 Uhr, So 10–13 Uhr (nur im Sommer)

ZIELE IN DER UMGEBUNG

Cala Nans   [109 F4–5]

Fußmarsch für Naturfreunde in südlicher Richtung (etwa 90 Minuten). Er lohnt sich: Der Weg führt an der Küste entlang von Sa Conca bis zur ca. 3 km entfernten Landzunge von Cala Nans mit ihrem Leuchtturm. Davor liegen die kleinen Inseln *Cucurucuc de les Seves* – ein hübscher Ausblick.

Parc Natural del
Cap de Creus [109 E–F 3–5]

Hier enden die Pyrenäen. Der Park umfasst ein Gebiet, das beinahe die gesamte Halbinsel zwischen El Port de La Selva und Roses einnimmt. In den Bergen gibt es zahlreiche, gut ausgeschilderte Wanderwege. Andere führen zu den Buchten des Cap de Creus. Die Parkzentrale, wo man sehr gute Infos und kostenloses Kartenmaterial bekommt, liegt im alten Kloster von Sant Pere de Rodes (ca. 18 km von Cadaqués). *Öffnungszeiten des Büros: Juni–Sept. tgl. 10–14 und 16 bis 19 Uhr, Okt.–Mai 10–14 und 15–17.30 Uhr, Tel. 972 19 31 91, Fax 972 19 31 92, www.parcsdeca talunya.net*

El Pení [109 E4]

Wer einen herrlichen Überblick über Cadaqués, seine Buchten, die Berge und (bei gutem Wetter) über die gesamte Nordküste und das Meer haben möchte – ideal für Fotofans –, scheut den Aufstieg auf den 605 m hohen Berg El Pení südwestlich von Cadaqués nicht. Der Weg führt an der alten *Ermita de Sant Sebastià* vorbei. Der Fußmarsch hin und zurück dauert ungefähr zwei Stunden.

Port Lligat [109 F4]

Kleiner, wunderschöner Fischerort an einer Bucht, nur 30 Fußminuten von Cadaqués entfernt. Hier lebte und wirkte Salvador Dalí mit seiner Frau Gala. Hier steht auch das berühmte Dalí-Haus mit dem treppenartig gebauten Dach. Nach dem Tod seiner Frau schrieb Dalí, der Port Lligat immer für eines der schönsten Dörfer der Welt hielt: »Es ist einer der ödesten Orte der Erde.« Dalí zog fort auf sein Schloss Púbol, wo Gala auch beerdigt wurde. *15. März–6. Jan. Di–So 10.30 bis 18 Uhr, 15. Juni–15. Sept. tgl. 10.30–21 Uhr, nur mit Führungen in Gruppen, Reservierung notwendig (Tel. 972 25 10 15, Fax 972 25 10 83, pllgrups@dali-estate.org)*

Übernachtung: *Hotel Port Lligat (30 Zi., Tel. 972 25 81 62, Fax 972 25 86 43, €€)*. Das hübsche Haus bietet von einigen Zimmern mit Terrasse Blick auf die Bucht und Dalís Haus. Es verfügt über einen Pool mit 10-m-Turm und einen kleinen Strand unterhalb der Anlage.

FIGUERES

 Karte auf Seite 114

[108 B5] Figueres (35 000 Ew.) ist die Hauptstadt des Alt Empordà. Obwohl die Stadt nicht besonders schön ist, hat sie doch etliche interessante Sehenswürdigkeiten aufzuweisen. Außerdem lohnt sich ein Spaziergang auf der hübschen Rambla mit den vielen Straßencafés.

Figueres hat eine bewegte Geschichte. Im 12. Jh. kam es in den Besitz der Grafen von Barcelona. 1267 verlieh der katalanische König Jaime I. dem Ort die Stadtrechte. Kurze Zeit später wurde Figueres zum ersten Mal zerstört: Graf Hugo von Empúries rückte mit seinem Heer ein. Erst 1743 wurde mit dem Bau einer Festung begonnen – sie sollte die zweitgrößte Europas werden. Am 11. Mai 1904 wurde hier der berühmteste Sohn der Stadt geboren: Salvador Dalí. Noch heute verdankt ihm die Stadt Wohlstand sowie Berühmtheit weit über die spanischen Grenzen hinaus.

Castell de Sant Ferran
Die Festung wurde von einer fast 5 km langen Mauer umgeben. Innerhalb der Anlage konnten 10 000 Soldaten mit 5000 Pferden stationiert werden. Das Innere des Forts ist nicht zugänglich. *Nordwestlich der Innenstadt auf dem Hügel*

Església Sant Pere
Die gotische Kirche im Altstadtzentrum stammt aus dem 14. Jh. *Sant Pere s/n*

Statue des Narciso Monturiol
Die Statue des katalanischen Erfinders Narciso Monturiol (1819–95) steht auf dem Hauptplatz an der Rambla. Monturiols herausragende Leistung war der Bau des hölzernen Unterseebootes »Ictineo«, das 1861 in den Hafen von Barcelona einlief.

Ein Modell des Bootes steht dort auf der Halbinsel Maremagnum.

Museu de l'Empordà
Bedeutende Heimatausstellung mit Funden aus der Griechen- und Römerzeit, Dokumenten zur Stadtgeschichte und zahlreichen Kunstwerken von Picasso, Miró und natürlich Dalí. *Juli–Sept. Di–So 11–13 und 15.30–19 Uhr, Okt.–Juni Di–So 11.30–17.15 Uhr, Eintritt 1,80 Euro, Rambla, 1*

Teatro Museo Dalí
★ Die Ausstellung, für die Sie nach Figueres fahren sollten. Jedes Jahr werden hier mehrere Hunderttausend Besucher durchgeschleust. Die meisten von ihnen kommen vergnügt und begeistert von den skurrilen und bizarren Einfällen des größten Surrealisten wieder heraus. Das Museum ist im ehemaligen Teatro Municipal (Stadttheater) untergebracht. Im Alter von 14 Jahren stellte Dalí hier seine ersten Werke aus. Das Theater wurde während des Spanischen Bürger-

Das Grab von Salvador Dalí
Die letzte Ruhestätte des Künstlers liegt an einer unscheinbaren Stelle

Um das Grab von Dalí wurde nach seinem Tod zunächst ein großes Geheimnis gemacht. Er selbst wollte neben seiner Frau Gala auf seinem Schloss bestattet werden. Auf dem Sterbebett soll er dem Bürgermeister von Figueres seinen letzten Willen ins Ohr geflüstert haben. Leider hat ihn eben nur der Bürgermeister gehört: Dalí wurde in Figueres beerdigt, in seinem Museum. Unter einer Bodenplatte ohne Aufschrift. Viele Hundert Besucher gehen täglich ahnungslos über diese Platte.

Kultstätte hinter klassizistischer Fassade: Teatro Museo Dalí

kriegs zerstört und erst 1974 als Museum – von einer gewaltigen Kuppel gekrönt – wieder eröffnet. Eine fast schon circensische Sammlung der Phantasieauswüchse des Meisters. *Juli–Sept. tgl. 9–19.15 Uhr, Okt.–Juni Di–So 10.30–17.15 Uhr, Eintritt 6 Euro (Eintrittskarten gelten auch für das Museu de l'Empordà), Plaça Gala-Dalí*

ESSEN & TRINKEN

Can Jeroni

Traditionslokal mit exzellenter katalanischer Küche. Nur mittags geöffnet. *So geschl., Carrer Castelló, 36, Tel. 972 50 09 83, €€*

Duràn

Sehr schönes Lokal in der Stadtmitte, Treffpunkt der Einheimischen. Spezialität ist *espalda de cordero a la ampurdanesa* (Hammelschulter auf ampurdanesische Art), außerdem werden Fischgerichte serviert.

Auch Gästezimmer. *Tgl., Lasauca, 5, Tel. 972 50 12 50, €€*

Empordà

Beste Gerichte der traditionellen Empordà-Küche, z. B. *ensalada de bacaloa* (Stockfischsalat). 15 Gästezimmer. *Tgl., Antigua Carretera de Francia, 1,5 km nördlich von Figueres, Tel. 972 50 05 62, €€*

Mas Pau

Superküche in einer sehr schönen Villa aus dem 17. Jh. außerhalb von Figueres. Fisch- und Wildspezialitäten. Auch ruhiges Hotel mit Garten und Pool. Rechtzeitig reservieren! Im Winter geschlossen, sonst tgl. *5 km westl., Straße nach Olot, Avinyonet de Puigventós, Tel. 972 54 61 54, €€€*

Viarnés

Das Restaurant serviert regionale Küche. Schöner Speiseraum, viele Einheimische. *So abends und Mo* sowie 1. Hälfte Juni und 1. Hälfte Nov. geschl., Pujada del Castell, 23, Tel. 972 50 07 91, €€

EINKAUFEN

Art Surrealista
Plakate, Bücher oder T-Shirts – mit Dalí-Motiven. *Carrer Sant Pere*

Librería Surrealista
Dalí-Ramsch in allen Preislagen. *Plaça Gala-Dalí (vor dem Museum)*

ÜBERNACHTEN

Duràn
Komforthotel mit 65 Zimmern. *Lasauca, 5, Tel. 972 50 12 50, Fax 972 50 26 09, duran@hotelduran. com*, €€€

Los Ángeles
Einfaches Haus ohne Restaurant. *40 Zi., Barceloneta, 10, Tel. 972 51 06 61, Fax 972 51 07 00*, €

Pirineos
Haus mit mittlerem Komfort, Restaurant (Mo geschl.). *56 Zi., Ronda Barcelona, 1, Tel. 972 50 03 12, Fax 972 50 07 66*, €€

San Mar
Schlichte Pension. *25 Zi., Rec Arnau, 31, Tel. 972 50 98 13*, €

AUSKUNFT

Oficina de Turisme
Plaça del Sol, Tel. 972 50 31 55, Fax 972 67 31 66, Mo–Sa 9–21 Uhr, So 9–15 Uhr

ZIELE IN DER UMGEBUNG

Peralada [108 B4]
Das hübsche kleine Städtchen (1300 Einw.) liegt 7 km nördlich von Figueres inmitten einer Weinbauebene. Der Weißwein aus dieser Gegend passt vor allem gut zu Meeresgetier, und ebenfalls sehr emp-

Der Spielsaal des wunderschönen Kasinos von Peralada

fehlenswert ist der *cava* (Sekt). Sehenswert in Peralada ist die *Klause von Santo Domingo* mit ihrem romanischen Kreuzgang aus dem 11. Jh. Hauptattraktion aber ist das *Spielkasino,* sicherlich eines der schönsten der Welt. Es ist in einer ehemaligen Wasserburg aus dem 14. Jh. mit mächtigen Mauern und zwei Rundtürmen untergebracht: Bakkarat, Chemin de Fer und Roulette in einer exquisiten Atmosphäre. Mit Schlossrestaurant, um Sieg oder Niederlage stilvoll zu begießen. Im Schloss befindet sich außerdem eine Pinakothek. *Castell de Peralada, Kasino in der Hauptsaison bis 5 Uhr, sonst bis 4 Uhr, Tel. 972 53 81 25*

Vilabertrán [108 B4]

Der Vorort von Figueres besitzt eine beachtenswerte Abtei im romanischen Baustil mit der *Klosterkirche Santa Maria* (drei Apsiden, Kreuzgang und Glockenturm) und gotischem Abtpalais.

L'ESCALA

[111 E2] Das Städtchen hat über 5000 Einwohner, deren Zahl sich im Sommer leicht verzehnfachen kann. An der Promenade des Hauptstrandes stehen die Hotels mit den dazugehörigen Geschäften und Kneipen. Der Trubel ist im Sommer entsprechend. Ganz anders ist der kleine Ortsteil *norte* am Hafen mit seinen kleinen Bars und gemütlichen Restaurants.

Insider Tipp

L'Escala ist Heimathafen von rund fünfzig kleinen Fischdampfern, neben Roses ist der Ort der wichtigste Fischereihafen der Costa Brava.

SEHENSWERTES

Monument a la Gent del Mar

Ehrenmal für die Fischer und Seeleute auf der Landzunge La Punta.

Punta Montgó

🔸 Ca. 4 km nach Süden liegt die – leider etwas zugebaute – schöne Bucht Cala Montgó. Oberhalb befindet sich die Ruine eines mittelalterlichen Wachtturms (weiter Blick über Bucht und Meer).

Sant Pere de l'Escala

Pfarrkirche mit Renaissancefassade (1761) in der Ortsmitte. Im Innern befinden sich ein Bildnis der hl. Maxima, der Schutzpatronin des Ortes, und eine wertvolle Petrusfigur.

ESSEN & TRINKEN

Café Navili

Solides Fischlokal im Hafen von L'Escala. *Mo geschl., Romeú de Corbera, Tel. 972 77 12 01, €€*

Club Nàutic L'Escala

Preiswerte Gerichte und Getränke. *Tgl., La Clota, am Fischereihafen, Tel. 972 77 00 16, €*

Nieves Mar

Traditionsrestaurant mit exzellenter Meeresküche. *Tgl., Paseo Marítimo, 8, Tel. 972 77 03 00, €€*

El Roser 2

Ausgezeichnetes Fischrestaurant. *Mi und Feb. geschl., Passeig Lluís Albert, 1, Tel. 972 77 11 02, €€€*

EINKAUFEN

Ein Erlebnis ist der Besuch des täglichen Fischmarkts am Fischereihafen, ab 8 Uhr werden die *sardinas* (Sardinen) verkauft, um 15 Uhr ist normaler Fischmarkt. Sonntags findet ein Wochenmarkt statt.

ÜBERNACHTEN

Nieves Mar
◁▷ Das beste Haus des Ortes liegt am Meer, mit sehr gutem Ausblick auf den Golf. *80 Zi., Passeig Marítim, 8, Tel. 972 77 03 00, Fax 972 77 36 05, €€€*

Reina
Kleines, einfaches, preiswertes Hotel. *11 Zi., Closa del Llop, s/n, Tel./Fax 972 77 09 15, €*

El Roser
Solides Haus mit empfehlenswertem Restaurant (Mo geschl). *22 Zi., L'Església, 7, Tel. 972 77 02 19, Fax 972 77 34 98, roseescala@teleline.es, €€*

FREIZEIT & SPORT

In L'Escala ist Wassersport in allen Variationen möglich. Tennis kann man im Hotel Nieves Mar spielen. Minigolfplatz: *Avinguda Montgó (Tel. 972 77 07 48)*. Reiten: *Rancho Bruno (Hipica Montgó, kein Tel.)*

Strände
Einen kleinen Strand finden Sie bei den Fischerbooten. Im Süden liegen die *Platja de Riells* oder die *Cala Montgó*, im Norden der breite Sandstrand *Platja d'Empúries*.

Wassersport
Der *Club Nàutic L'Escala* bietet Segelkurse im Juli und August. *La Clota, Puerto Perquero, Tel. 972 77 00 16*

AM ABEND

In neuen Teil des Ortes *(sur)* gibt's eine Reihe Diskotheken, im Ortskern *(norte)* viele Bars, die in den Sommermonaten bis weit in die Nacht geöffnet haben. Jeden Mittwoch wird im Sommer ab 22 Uhr an der Platja *sardana* getanzt.

AUSKUNFT

Oficina de Turisme
Plaça Escoles Nacionals, 1, Tel. 972 77 06 03, Fax 972 77 33 85, lescala.org, lescala@lescala.org, tgl. 10–13 und 15–19 Uhr

ZIELE IN DER UMGEBUNG

Empúries [111 E2]
Nur 2 km nördlich von L'Escala befindet sich die vermutlich größte griechisch-römische Siedlung Spaniens. Um 580 v. Chr. gründeten griechische Siedler aus dem kleinasiatischen Phokaia auf einer Insel vor der Küste die Hafenniederlassung Emporion. Rund 100 Jahre später kamen neue griechische Eroberer. Sie legten gegenüber der Palaiopolis (Altstadt) auf dem Festland die Neapolis (Neustadt) mit einem neuen Hafen an. Sie wurde zur wichtigsten und größten griechischen Kolonie im westlichen Mittelmeer.

Vermutlich im 4. Jh. v. Chr. gründeten die heimischen Iberer die Siedlung Indica. 218 v. Chr. landete hier unter Führung des Feldherrn Scipio ein römisches Expeditionsheer. Die Römer bauten – allerdings nicht als Eroberer, sondern als Gleiche unter Gleichen – Emporiae, wie die Stadt nun hieß, zur größten römischen Stadt auf dem Festland aus. Emporiae blühte, als um 400 n. Chr. die Westgoten kamen, die Stadt eroberten und sie zu ihrem Bischofssitz machten. Sie errichteten die vermutlich erste Kirche auf spanischem Boden. Schließlich fielen im 9. Jh. die Normannen ein und zerstörten dieses Kulturgut, das im Lauf des folgenden Jahrtausends in sich versank und von den Bewohnern der umliegenden Städte und Dörfer als Steinbruch benutzt wurde.

Für den Besuch der Anlage sollte man sich einen Nachmittag lang Zeit lassen. Das Archäologische Museum auf dem Ruinengelände zeigt Waffen, Schmuck, Haushaltsgeräte, Mosaiken und Statuen. *Di–So 10–14 und 15–19 Uhr, Eintritt 6 Euro*

Sant Marti d'Empúries [111 D–E 1–2]

Dieses kleine Dörfchen 3 km von L'Escala ist unmittelbarer Nachfolger der alten griechischen Siedlung Palaiopolis. Sie lag ursprünglich auf einer kleinen Insel, die versandete und nun Teil des Festlands ist. Auch Sant Marti d'Empúries beruft sich auf eine große historische Vergangenheit. 812 soll Karl der Große hier die Hauptstadt der karolingischen Grafschaft Empurda gegründet haben.

Die alte *Kirche Sant Marti* wurde bereits 843 erstmals erwähnt, 926 von den Normannen zerstört, 1248 wieder neu aufgebaut. Nach einer zweiten Zerstörung im Jahr 1468 entstand von 1507 bis 1538 der heutige Bau im gotischen Stil.

Sant Pere Pescador [111 D1] Insider Tipp

Wer nur Erholung und Beschaulichkeit sucht, ist hier goldrichtig: Das kleine Fischerdorf (ca. 1000 Ew.) liegt 3 km landeinwärts am Ufer des Riu Fluvià. Der Strand ist ein Traum: feinsandig, kilometerlang, über 100 m breit. Hier gibt es keine

Vergangenheit zum Greifen nah: Fundamente in Empúries

Hotelklötze, dafür aber rund zehn Campingplätze.

Für Besichtigungen zu empfehlen sind das *Castell*, die Mauerreste einer alten Burg, die *Església Parroquial*, eine barocke Dorfkirche aus dem 17. Jh., und das Lagunengebiet *Les Llaunes* im Mündungsabschnitt des Riu Fluvià, das sich mit Spazierwegen und einer artenreichen Pflanzen- und Tierwelt zu beiden Seiten des Flusses erstreckt. *Auskunft: Ajuntament Sant Pere Pescador, Verge del Portalet, 10, Tel. 972 52 00 50*

LLANÇÀ

[109 D3] Wenn man so will: die erste Touristenansiedlung der nördlichen Costa Brava. Doch welch ein Unterschied zu den Betonsilos weiter südlich! Die Bodenständigkeit der ländlichen Bewohner hat die kleine Stadt (ca. 4000 Ew.) davor bewahrt, ihren reizvollen Charakter zuzumauern. So gibt es noch genügend lauschige Ecken und Gassen mit alten weißen Häusern und kleinen Bars. Ein Fischerort mit vielen Sommergästen, hauptsächlich aus Figueres und dem nahen Frankreich.

Llançà liegt im Landesinneren, ungefähr 1 km von der Bucht entfernt. Der Grund hierfür waren die Seeräuber, vor denen sich einst die Fischer in ihr geschütztes Dorf Llançà-Vila zurückzogen. Llançà war später ein bedeutender Hafen für den Wein- und Olivenexport nach Italien und Frankreich. Außerdem wurde in der Gegend Marmor abgebaut, sodass auch in der Zeit vor dem Tourismus ein gewisser Wohlstand herrschte.

SEHENSWERTES

Església Parroquial de Sant Vicenç

Barocke Kirche aus dem 18. Jh. an der Plaça Major. Davor steht eine riesige Platane, der »Freiheitsbaum«.

Torre de Defensa

Alter Verteidigungsturm gegen Piraten (15. Jh.) in der Ortsmitte auf der Plaça Major.

ESSEN & TRINKEN

La Brasa

Katalanisches Lokal mit hübscher Terrasse. *15. Dez.–Feb. geschl., Plaça Catalunya, 6, Tel. 972 38 02 02, €€*

Can Manuel

Familienbetrieb, der ordentliche Fischküche zubereitet. Probieren Sie die Gambas nach Art des Hauses! *Tgl., Paseo Marítimo, 4, Tel. 972 38 01 12, €€*

EINKAUFEN

Mittwochs ist Markttag. Als Besonderheit gilt ein Süßwein, der *garnatxa,* der in der Gegend angebaut wird.

ÜBERNACHTEN

Beri

Angenehmes Hotel mit Swimmingpool. *30 Zi., La Creu, 16, Tel. 972 38 01 98, Fax 972 12 13 12, €*

La Goleta

Kleines, einfaches, angenehmes Hotel. *38 Zi., Pintor Tarruella, 12, Tel. 972 38 01 25, Fax 972 12 06 86, €*

Insider Tipp

Hostal Maria Teresa

Hotel mit guter Küche und Angebot an diversen Aktivitäten (z. B. Yoga, Tai-Chi). *92 Zi., Cabrafiga, s/n, Tel. 972 38 00 04, Fax 972 38 02 76, www.hmteresa.com, €€*

FREIZEIT & SPORT

Strände

Die schönsten Badebuchten sind *Grifeu, Cap Ras* und *La Farella*, z. T. auch für Windsurfer geeignet.

Wassersport

Club Nàutic Llançà, Tel. 972 38 07 10. Windsurfen und Brettverleih: *Platja del Cau, kein Tel.*

AUSKUNFT

Patronat Municipal de Turisme

Avinguda d'Europa, 37, Tel. 972 38 08 55, Fax 972 38 12 58, Mo–Sa 10–13 und 15–19 Uhr, So 10–13 Uhr

ZIELE IN DER UMGEBUNG

Castell Sant Salvador   [109 D4]

Oberhalb des Klosters von Sant Pere de Rodes, etwa 3 km von dort entfernt, liegt auf einem Berggipfel die alte Burgruine Sant Salvador. Von hier oben haben Sie einen atemberaubenden Blick über die Buchten, das Meer, das Kloster und die Pyrenäen im Westen – vielleicht den schönsten Blick der gesamten Costa Brava.

El Port de la Selva   [109 E3]

★ 8 km südöstlich von Llançà liegt dieser kleine, ebenfalls sehr idyllische Fischerort (1000 Ew.) an einer traumhaften Bucht, deren Wasser so still ist wie ein Binnensee. Im Hintergrund erheben sich die Berge der Sierra de Montaña Negra, auch Sierra de Roda genannt. Sie müssen früher von einem undurchdringlichen Wald überzogen gewesen sein, denn Sel-

Der kleine Fischerort El Port de la Selva mit seiner stillen Bucht

va bedeutet eigentlich »Urwald«. So war nur der Zugang vom Meer aus möglich, was in vorgeschichtlicher Zeit für die Bewohner eine gewisse Sicherheit bedeutete. Tatsächlich hat man in der Gegend Steinmesser, Keramik und bei *Punta del Pi* rund 70 Gräber aus der Eisenzeit gefunden.

Sant Pere de Rodes   [109 D4]

◁▷ Die bedeutendste Klosterruine der Costa Brava liegt ca. 16 km von Llançà entfernt auf den Bergen über El Port de la Selva. Eine kleine Straße schlängelt sich 8 km vom Ort hinauf, den Rest muss man zu Fuß gehen. Die eindrucksvolle Benediktinerabtei wurde bereits 879 erstmalig erwähnt. Manche Historiker behaupten sogar, dass sie auf den Fundamenten eines alten Venustempels gebaut wurde. 1022 wurde die dreischiffige romanische Klosterkirche geweiht, ihr Bau in diesem unwegsamen Gelände war eine kühne Leistung der damaligen Konstrukteure. Wichtige Persönlichkeiten kamen als Pilger, das Kloster wurde immer reicher.

Ab 1300 wird in den alten Überlieferungen von einer wachsenden Sittenlosigkeit der Benediktiner berichtet, die in ihrem Bedarf nach Wein, jungen Mädchen (und Männern) immer zügelloser geworden seien. Die besseren Pilger blieben nun aus, der Geldfluss versiegte, das Kloster wurde jetzt immer wieder von Räuberbanden überfallen und geplündert. 1798 verließen die letzten Mönche den Berg.

Das Ende der Restaurierungsarbeiten war für 2002 vorgesehen. Eine Besichtigung empfiehlt sich auf alle Fälle, obwohl das kostbarste Stück von Sant Pere de Rodes, eine

wertvolle romanische Bibel, heute in der Nationalbibliothek von Paris liegt. *Juni–Sept. tgl. 10–19.30 Uhr, Okt.–Mai 10–17 Uhr, Eintritt 3,50 Euro, Parkplatzgebühr 1,50 Euro*

PORTBOU

[109 D2] Portbou (2400 Ew.), zwischen den Bergen an einer tiefen Bucht gelegen, ist der erste Ort der Costa Brava nach dem Überqueren der französischen Grenze. Der Strand des Ortes ist zwar sehr idyllisch, aber leider relativ schmal und steinig. Dafür gibt es eine sehr hübsche Rambla mit kleinen Bars und Restaurants. Portbou ist besonders bei französischen Tagestouristen beliebt, die hier preiswerter als zu Hause essen können. Zur mehrtägigen Festa Major im Juli kommen die Gäste von überall her. Dann ist in diesem sonst beschaulichen Städtchen der Teufel los.

Auf dem Friedhof wurde der deutsche Schriftsteller und Philosoph Walter Benjamin in einem Sammelgrab bestattet. Auf seiner Flucht vor den Nazis hatte sich Benjamin am 27. September 1940 in Portbou das Leben genommen.

SEHENSWERTES

Bahnhof

◁▷ Seine Attraktion verdankt der Bahnhof einem Kuriosum: Alle Fahrgäste müssen aus- und in andere Züge umsteigen, ähnlich wie an russisch-polnischen Bahnhöfen. Spanien hat nämlich auch die russische Spurbreite. Nur Luxuszüge wie der »Talgo« haben Anlagen, die den Spurwechsel vornehmen können.

Insider Tipp

Strandspaziergang

Vom Touristenbüro aus nach Norden windet sich ein Spazierweg um Felsen und Buchten bis hin zur *Platja del Pi*, einem inoffiziellen FKK-Strand.

ESSEN & TRINKEN

L'Áncora

In dem kleinen Lokal werden Fischspezialitäten und Meeresfrüchte serviert. *Tgl., Passeig de la Sardana, Tel. 972 39 00 25,* €

España

Solides Restaurant mit heimischer Küche und Blick auf die Bucht. *Tgl., Passeig de la Sardana, 4, Tel. 972 39 00 08,* €€

ÜBERNACHTEN

Comodoro

Einfaches Hotel mit kleinem, preiswertem Restaurant. *14 Zi., Méndez Núñez, 1, Tel. 972 39 01 87,* €€€

La Masia

Hübsches, kleines Hotel (ohne Restaurant) in der Nähe von Strand und Hafen. *19 Zi., Passeig de la Sardana, 1, Tel. 972 39 03 72, Fax 972 12 50 66,* €€

FREIZEIT & SPORT

An der Bucht *Cala Petita* können Sie baden, surfen oder eine Bootsfahrt unternehmen. Tauchen ist in verschiedenen anderen Buchten bei Portbou möglich.

AM ABEND

Es gibt in Portbou kein großartiges Nachtleben, nur einige kleine Cafés und Bars an der Rambla und Uferpromenade, die während der Sommermonate nachts länger geöffnet sind.

AUSKUNFT

Oficina d'Informació

Passeig de la Sardana, 1, Tel. 972 12 51 61, Fax 972 12 51 23, tgl. 10–13 und 15–18 Uhr

ZIELE IN DER UMGEBUNG

Colera [109 D2]

Das kleine, malerische Fischerdörfchen (450 Ew.) mit langem Kiesstrand liegt ca. 7 km südlich von Portbou in einem Taleinschnitt und wird von einer mächtigen Eisenbahnbrücke überspannt. Am Abend findet das noch unverfälschte Dorfleben auf dem Hauptplatz statt. Im Schatten einer riesigen Platane stehen die Stühle und Tische der Cafés und Bars, die ihren Gästen den *aperitivo* und Tapas servieren. Eigentlich heißt der Ort San Miguel de Colera, benannt nach dem romanischen Kloster (10. Jh.), dessen Ruinen auf dem nahe gelegenen *Puig d'Esquers* (603 m) zu besichtigen sind. In dem touristisch noch unverbrauchten Dorf stehen, aufs Meer gerichtet, drei alte Kanonen von 1789. Colera hat – interessant für Sporttaucher – sehr klares Meerwasser.

Das Hotel *Hostal Garbet (Platja de Garbet, 13, Tel. 972 38 90 01, Fax 972 12 80 59,* € *)* ist ein kleines Haus am Strand, das nur Frühstück anbietet. Daneben gibt es einige einfache Tavernen mit Mittagstisch.

Auskunft: Centre d'Iniciatives Turistiques Laboum, 34, Tel. 972 38 90 50, Fax 972 38 92 83

La Jonquera [108 A2]

Grenzübergang nach Frankreich ca. 53 km westlich von Portbou (über die N 260 und die Autobahn A 7). Der Ort besitzt eine sehr schöne Pfarrkirche aus dem 15. Jh. mit romanischem Portal.

Es empfiehlt sich eine Fahrt zu dem romantischen Bergdorf **Insider Tipp** *Cantallops* (9 km östlich von La Jonquera) und weiter zur mittelalterlichen Burg *Castell de Requesens* [108 B2], wo die Ruinen der Kirche Santa Maria de Requesens aus dem 9. Jh. zu sehen sind.

ROSES

[109 D–E5] Die Stadt an der gleichnamigen, weiten Bucht hat rund 12 000 Einwohner. Schon 400 Jahre v. Chr. gab es hier eine Siedlung der Griechen, die offensichtlich den natürlichen Hafen für ihren Handel ideal fanden. Roses gewann im Mittelalter an Bedeutung, als die katalanische Flotte hier ihren Stützpunkt hatte. Carlos I. baute den Ort noch aus und befestigte ihn mit einer Burg, der Ciutadella. Später wurde Roses ein wichtiger Hafen für die Sardinenflotte der Costa Brava, die auch heute noch von hier aus arbeitet.

Ab Mitte der 1960er-Jahre fasste der Tourismus Fuß und veränderte den Ort nachhaltig. Die weite Ebene hinter dem Meer gewährte Platz für die Infrastruktur einer Ferienindustrie, die jährlich Millionen von Urlaubern anzieht. Die langen, weißen Strände wurden zum Spielfeld sonnenhungriger Besucher aus Nordeuropa. So bietet Roses, wie viele der Touristenorte an der Costa Brava, zwar alles, was sich Strandurlauber wünschen, doch seinen ursprünglichen, eigenen Charakter hat es nicht bewahren können.

SEHENSWERTES

Cabo Falco

Auf dem Hügel östlich der Stadt sind die mittelalterlichen Verteidigungstürme *Torre Marina* und *Torre Mosaica* zu sehen.

Castell de Trinidad

Die alte Burg, auch Castell de la Poncella genannt, schützte mit ih-

Fast endloses Strandvergnügen bietet der kilometerlange Strand von Roses

ren fünf Kanonen die Bucht vor Piratenüberfällen. Unweit der Ruinen steht der ◀▶ *Leuchtturm,* von dem man eine herrliche Aussicht hat. *Auf den Höhen östlich der Stadt*

Ciutadella

Karl V. ließ ab 1543 diese riesige Zitadelle in Form eines Pentagons errichten. Zeitweise waren innerhalb der mächtigen Mauern über 2000 Soldaten stationiert. Die Festung wurde auf griechischen und römischen Fundamenten gebaut. Während der Befreiungskriege wurde die Anlage von den Franzosen geschleift. Heute ist die Zitadelle *Monumento Nacional. Tgl. 9–18 Uhr, Eintritt frei, hinter der Altstadt*

Creu d'en Corbatella und Cau de les Guilles

Auf dem Puig Rom nördlich der Stadt sind prähistorische Ausgrabungen und Dolmen zu sehen. In der Nähe befinden sich westgotische Gräber und die Reste einer Kirche. *Der Weg ist ausgeschildert*

Santa Maria de Roses

Die romanische Kirche gehörte zum Benediktinerkloster Monestir dels Benedictins. Sie wurde bereits 1022 erwähnt und gehörte zu einem frühchristlichen Begräbnisplatz. Der heutige Bau stammt von 1543. *Innerhalb der Ciutadella*

ESSEN & TRINKEN

El Bulli

Hoch gelobtes Restaurant, etwas außerhalb des Ortes. Unvergleichliche katalanische Spezialitäten: Pilz-Carpaccio mit Kartoffelsalat, Drachenköpfe mit Pfeffer, Kaninchenlende mit Schnecken. Lange vor dem Urlaub reservieren! *Tgl., Cala Montjoi, Tel. 972 15 04 57, €€€*

Can Ramon

Kleines, hübsches Restaurant, nur bester Fisch. *Tgl., Carrer Sant Elm, 18, Tel. 972 25 69 18, €€*

Flor de Lis

Ein deutsches Ehepaar serviert französische Küche. Fisch und Meeresfrüchte sind vom Feinsten, so Suprême vom Wolfsbarsch an Pilzsalaten. Das Restaurant ist einen Umweg wert. Reservieren! *Tgl., Cosconilles, 47, Tel. 972 25 43 16, €€€*

Mar y Sol

Gemütliches Lokal mit kleiner Terrasse. Bester Fisch, guter Wein. *Tgl., Avinguda de Rhode s/n, Tel. 972 25 21 15, €€*

EINKAUFEN

Neben dem üblichen Touristentand finden Sie einige gute Geschäfte für Wasser-, Unterwasser- und Angelsport. Keinesfalls sollten Sie sich den *Fischmarkt (Mo–Fr 17–19 Uhr)* im Fischereihafen entgehen lassen.

Selbstversorger finden auf dem Hafengelände einige ausgezeichnete Fischgeschäfte, in denen auch die Einheimischen vorzugsweise einkaufen. Noch ein Tipp: Die Kneipe an der Einfahrt zum Hafen bereitet ausgezeichnet und preiswert Fisch zu.

ÜBERNACHTEN

Almadraba Park

Schönstes Hotel mit Pool, Tennis, schönem Garten. *64 Zi., Platja Almadraba s/n, Tel. 972 25 65 50, Fax 972 25 67 50, €€€*

Glòria

Pension in der Altstadt mit einfacher Ausstattung. *22 Zi., Carrer Mairó, 28, Tel. 972 25 78 11, €€*

Puig Rom

Einfache Pension, gleich hinter der Platja de la Punta. *14 Zi., Plaça Llevant, 1, Tel. 972 25 41 33, €*

FREIZEIT & SPORT

Strände

Es gibt in und um Roses jede Menge Buchten mit Stränden, u. a. *Canyelles Grosses, Cala Mosca, Cala Llado, Cala Murtra, Platja de Santa Margarita* und den kilometerweiten Hauptstrand der *Badia de Roses.*

Wasserpark

🏃 Viel kühles Nass bietet der *Aquabrava Wasserpark* mit Rutschen, Bädern und Wildwasserkanal. *Juni–Mitte Sept. tgl. 10–19 Uhr, Eintritt 12 Euro, Carretera Cadaqués, Les Garrigues*

Wassersport

Club de Mar: Segeln (Kurse), Windsurfing, Wasserski. *Grup d'Esports Nàutics, Moll Comercial (Muelle), Tel. 972 25 70 03*

Poseidon Centro de Buceo: Tauchen, Geräteverleih. *Urbanisación Santa Margarita, s/n, Tel. 972 25 57 72*

Tauchcenter Roses-Sub: Kurse nach internationalen Richtlinien. *Eugeni d'Ors, 15, Tel. 972 25 52 69*

AUSKUNFT

Oficina Municipal de Turisme

Avinguda de Rhode, 101, Tel. 972 10 36 36, Fax 972 15 11 50, otroses @ddgi.es, im Sommer tgl. 9–21 Uhr; im Winter Di–Fr 9–18, So 10 bis 13 Uhr

ZIELE IN DER UMGEBUNG

Bergwanderungen

🥾 In der Umgebung von Roses gibt es zahlreiche Wanderwege auf die benachbarten Hügel, die Wege sind nicht allzu steil, die Aussicht ist bei schönem Wetter überwältigend. Östlich von Roses erhebt sich der *Puig Rom* (228 m) **[109 E5]**. Von oben haben Sie einen herrlichen Rundblick auf die Bucht und die Ruinen einer Westgotenburg sowie das Castell de Trinidad. Der *El Pení* (605 m) **[109 E4]** muss schon mit einer echten Wanderung (rund 140 Minuten) »erobert« werden. Man geht von Roses in nordöstlicher Richtung über *Mas Raho-la,* den *Puig de l'Aliga* und den *Puig Alt.* Der Blick bis zum Cap de Creus ist phantastisch. ==Man kann auch nach Cadaqués hinuntersteigen,== *Insider Tipp* dann dauert die Wanderung (ab Roses) fast drei Stunden. Zurück gelangt man per Bus oder Schiff.

Castelló d'Empúries   **[108 C5]**

Das schöne mittelalterliche Städtchen (2500 Ew.), etwa 12 km westlich von Roses gelegen, bietet einen reizvollen Kontrast zu den Badeorten an der Küste. Castelló d'Empúries war früher Residenz der Grafen von Empúries und schon im 8. Jh. Bischofssitz. Eine besondere Sehenswürdigkeit ist die *Kathedrale Santa Maria* aus dem 13. Jh. mit ==Marmorportal (12 Apostel),== romani-*Insider Tipp* schem Turm und gotischem Hauptaltar. Sehenswert ist im *Museu Parroquial* mit ein Altaraufsatz des Bildhauers Vicente Borras (15. Jh.).

Auskunft: Oficina de Turisme, Plaça dels Homes, 1, Tel. 972 15 62 33, www.castelloempuries.com

Empúriabrava [109 D5]

Die moderne Feriensiedlung im Süden von Roses (ca. 11 km) liegt zwischen einem riesigen, gepflegten Sandstrand und den Flüssen Salines und Muga. Der Ort wird von zahllosen kleinen Kanälen durchzogen (Gesamtlänge: 30 km), auf denen man Sightseeingfahrten unternehmen kann. Das Ziel der Planer: Nahezu jedes Ferienhaus soll seinen eigenen Bootssteg bekommen.

Empúriabrava bietet ausgezeichnete Möglichkeiten, um Wasserski zu laufen, außerdem zum Segeln, Surfen und Tauchen. Es gibt einen Yachthafen, einen Sportflugplatz, den größten Fallschirmspringerclub Europas – und zahlreiche Diskotheken. Die Siedlung ist Urlaubern, die Ruhe und Beschaulichkeit suchen, kaum zu empfehlen. *Auskunft: Carrer Puigmal, 1, Tel. 972 45 00 88, Fax 972 45 10 95*

Palau Saverdera [109 D4]

7 km nördlich von Roses liegt diese Ruine einer alten Burg, die bereits im Jahr 822 erwähnt wurde. Zu besichtigen sind außerdem die Überbleibsel eines alten Klosters aus dem 12. Jh., das zu der nahe gelegenen Benediktinerabtei von Sant Pere de Rodes gehörte. In den Gewölben befindet sich heute das Restaurant *Rhodas Palau (tgl., Tel. 972 55 20 62, €€).*

Parc Natural dels Aiguamolls de l'Empordà [108–109 C–D 5–6]

★ Kataloniens größtes Sumpfgebiet ist zugleich eines der faszinierendsten Feuchtgebiete im Mittelmeerraum und Brutheimat von Tausenden von Wasservögeln. Im Park gibt es drei gut ausgeschilderte Rundgänge mit Beobachtungsständen. ==Bringen Sie ein Fernglas mit!== *Insider Tipp* *Eintritt frei, Besucherzentrum El Cortalet an der Straße von Castelló d'Empúries–Sant Pere Pescador (nach ca. 4 km), Tel. 972 45 42 22, www.aiguamolls.org*

Zwischen Flusslandschaft und Meer liegen die Kanäle von Empúriabrava

Landschaft mit vielen Gesichtern

Mittelalterliche Städtchen, Pinienwälder, die schönsten Buchten und exzellente Gastronomie

Nirgendwo anders an der Costa Brava ist das Land so vielfältig wie hier, wurzelt die Kultur so tief in der Geschichte der spanischen Mittelmeerküste. Die Iberer haben sich 800 Jahre vor der christlichen Zeitrechnung in den fruchtbaren Ebenen um den Rio Ter eingerichtet und eine Kultur entwickelt, die eine der Wiegen Spaniens ist. Das Land selbst ist ein großer Garten mit Korkeichenwäldern, Weinfeldern, Olivenhainen und Äckern, die mit ihrem Getreide gelbe Flecken in das Grün der Pinienwälder setzen.

Doch nicht nur die satten Farben der Landschaft sind anziehend. Im Hinterland der Küste gibt es noch immer Oasen abseits des Massentourismus: kleine Orte, die mit engen Gassen und beschaulichem Leben an vergangene Zeiten erinnern, Wochenmärkte mit den Produkten des Landes, stolze Gutshöfe, alte Kirchen und Landgasthäuser mit unverfälschter Küche.

Die Küste freilich ist im Sommer stark besucht, denn in diesem Teil der Costa Brava gibt es die schönsten Badebuchten.

Ein Traum in Blau:
die Bucht von Aiguablava

BEGUR

[111 F5] Umgeben von mit Pinien bedeckten Hügeln und nur einen Katzensprung entfernt von Buchten mit kristallklarem Wasser liegt dieses gepflegte Städtchen (3500 Ew.) Die Bewohner haben den Ort für den Tourismus herausgeputzt und doch mit seinem dörflichen Charakter erhalten. Damals blühte in diesem Landstrich der Handel mit Korallen, später lebten die Menschen vorwiegend von der Korkindustrie. Der Niedergang dieses Wirtschaftszweiges zwang viele Einwohner in die Emigration nach Südamerika. Die Rückkehrer brachten wiederum einen gewissen Wohlstand mit, der noch heute in den *casas de los indianos,* stattlichen Häusern mit Arkaden, in einigen Straßen des Ortes fortlebt.

SEHENSWERTES

Castell de Begur

Schon im 11. Jh. war der Hügel oberhalb des Ortskerns befestigt. Im 15. Jh. wurde hier eine Burg errichtet, die später im Spanisch-Französischen Krieg zerstört wurde. Geblieben ist wenig mehr als eine Ruine, von der man jedoch einen grandiosen Blick über Begur und seine Umgebung genießt.

Església Sant Pere

Kleine gotische Kirche aus dem 16. und 17. Jh. Sie bildet mit den Plätzen *Plaça d'Església* und *Plaça de la Vila* ein pittoreskes Zentrum mit gemütlichen kleinen Cafés.

Mirador Sant Ramon

↘↗ Unterhalb des Kastells, an der *Plaça Sant Ramon,* gibt es diesen Aussichtspunkt mit schönem Blick über das Land.

ESSEN & TRINKEN

Can Torrades

Insider Tipp

Gemütlicher Gewölbekeller, Frisches aus Meer und Garten. *Mo und im Okt. geschl., Carrer Pi i Tató, 5, Tel. 972 62 28 81,* €

Casa Juanita

Katalanische Küche und frischer Fisch in einem gepflegten Ambiente. *Di und im Nov. geschl., Calle Pi i Ralló, 3, Tel. 972 62 20 13,* €€

Mas Comangau

In einer schönen alten *masia,* einem katalanischen Gutshof. Die Küche bereitet neben Fischeintöpfen auch Paella zu. *Di und im Nov. geschl., Carrer Ramon Llull, s/n, Tel. 972 62 32 10,* €€–€€€

EINKAUFEN

Mittwochs ist Markttag. Auf der *Plaça de la Vila* werden Obst und Gemüse sowie diverser Schnickschnack angeboten. Im Sommer findet donnerstags ein Kunsthandwerkermarkt statt.

ÜBERNACHTEN

Hotel Bonaigua

Etwas älteres Haus, die meisten Zimmer haben Meerblick. Oberhalb der Cala Fornells, südlich vom Ortskern Begur. *47 Zi., Platja de Fornells, Tel. 972 62 20 50, Fax 972 62 20 54, bonaigua@ctv.es,* €€

Hotel Rosa

Im Ortszentrum gelegenes, familiäres Haus mit gemütlichem Restaurant. *23 Zi., Calle Pi i Ralló, 11, Tel. 972 62 30 15, Fax 972 62 43 20, hotelrosa@hotmail.com,* €€

FREIZEIT & SPORT

↘↗ Von Begur aus kann man eine etwa 9 km lange Rundwanderung über den *Mirador de la Creu* mit

Insider Tipp

weitem Küstenblick nach *Aiguafreda* und zurück nach Begur unternehmen. Ausgangspunkt in Begur ist die *Masia d'en Pinc* der Flamencotänzerin Carmen Amaya im *Passeig de Carmen Amaya.* Das Touristenbüro hält ein Faltblatt zu dieser Wanderung bereit.

AM ABEND

🏃 Neben einigen Bars in Begur und den Hotelrestaurants an den Buchten gibt es im Sommer einige *carpas,* die überall in Spanien aufgebauten Vergnügungszelte.

Insider Tipp

AUSKUNFT

Oficina Municipal de Turisme

Avinguda 11 de Setembre, 5, Tel. 972 62 45 20, Fax 972 62 45 78, www.begur.org, im Sommer tgl. 9 bis 21 Uhr; im Winter Mo–Sa 9 bis 14.30 Uhr

Cap de Begur [111 F5]

★ Das Kap von Begur beginnt ca. 4 km nördlich von Begur mit *Aiguafreda* und *Sa Tuna,* herrlichen, von Felsen und Pinien eingerahmten Buchten. Südlich von Begur, über eine enge, kurvige Straße zu erreichen, schließen sich nach etwa 5 km *Fornells, Aiguablava, Aiguaxelida* und der größte Ort *Tamariu* an. Diese Siedlungen mit ihren lieblichen Buchten und kleinen Stränden sind im Sommer stark besucht.

Herausragend ist Aiguablava: Der Name »blaues Wasser« ist Programm, nirgendwo anders an der Costa Brava ist das Meer so herrlich blau, klar und sauber. In einem Kiefernwäldchen oberhalb von Aiguablava liegt das Hotel ☙ *Parador de Aiguablava (87 Zi., Platja de Aiguablava, Tel. 972 62 21 62, Fax 972 62 21 66, aiguablava@parador.es, €€€)* mit weitem Blick über die Küste.

LA BISBAL

[111 D5] ★ Etwa 8000 Menschen leben in dieser ruhigen und ländlichen Stadt am Rio Daró. Der Name bedeutet Bischof und geht auf das Mittelalter zurück, als die Bischöfe Gironas hier ihren Sitz hatten. Bisbal ist die Hauptstadt der Comarca Baix Empordà, doch wirkt sie verschlafen und nur an Markttagen lebendig. Die Stadt hat enge Gassen, uralte Gebäude und ein kleines Judenviertel. Die meisten Besucher kommen auf der Suche nach schöner Keramik hierher. Bereits im 16. Jh. wurden hier Töpferwaren hergestellt, ab dem 19. Jh. auch in industrieller Großfertigung. Seit 1972 gibt es in Bisbal eine berühmte Keramikschule, in der Design und Technik gelehrt werden. Neben der Keramik ist die Landwirtschaft ein wichtiger Erwerbszweig. Das Umland ist reich an Oliven, Wein und Gemüse.

MARCO POLO Highlights
»Baix Empordà«

★ **Cap de Begur**
Bei Begur liegen die schönsten Badebuchten (Seite 53)

★ **La Bisbal**
Zentrum spanischer Keramikkunst (Seite 53)

★ **Peratallada**
In dem mittelalterlichen Dorf kräht kein Hahn mehr, aber sonst ist fast alles wie früher (Seite 56)

★ **Ullastret**
In dieser Iberersiedlung steht die Wiege Spaniens (Seite 56)

★ **Sant Feliu de Guíxols**
Familiärer Ort ohne Touristenrummel (Seite 64)

★ **Küstenstraße nach Tossa de Mar**
Kurvenreiche Route mit majestätischem Blick über Meer und Buchten (Seite 67)

SEHENSWERTES

Carrer del Call
Diese Gasse ist der Mittelpunkt des Judenviertels von Bisbal. Die alten Häuser beherbergen kleine Läden, und ein Spaziergang, auch durch die Seitengassen, versetzt in mittelalterlich-nostalgische Stimmung.

Castell Palau de la Bisbal
Der Festungspalast der Bischöfe von Girona wurde im 11. Jh. im romanischen Stil errichtet und in den nachfolgenden Zeiten immer wieder erweitert. Man kann die frühere Wohnung des Bischofs mit Küche, Weinkeller, Pferdestall und Vorratskammern sowie das Gefängnis des Palastes besichtigen. Im Kastell ist auch das historische Archiv untergebracht. *Im Sommer Di–Sa 10–14 und 16.30–20.30 Uhr, im Winter Mo–Fr 17–20, Sa 11–14 und 17–20 Uhr, So 11–14 Uhr, Eintritt 1,80 Euro, Plaça del Castell s/n*

Pont Vell
Die alte Brücke über den Rio Daró ist noch immer begehbar. Sie wurde 1606 über den Fluss geschlagen. *Carrer del Pont, südlich der großen Autobrücke*

MUSEUM

Museu de Ceràmica
Das Keramikmuseum, das auch Terrakottamuseum genannt wird, vermittelt einen Überblick über die Arbeitstechniken in diesem Bereich. *Juni–Sept. Di–Sa 10–13 und 17–21 Uhr, Okt.–Mai Mo–Sa 10 bis 13 und 16–20 Uhr, Eintritt 3 Euro, Carrer 6 de Octubre/Industria*

ESSEN & TRINKEN

La Cantonada
Insider Tipp

Kleines, gut besuchtes Restaurant mit gehobener Küche, auch vegetarische Gerichte, täglich wechselndes Menü. Geöffnet 13–16 Uhr, am Wochenende auch ab 20 Uhr. *Di geschl., Carrer del Bisbal, 6, Tel. 972 64 34 13, €*

El Suquet
Einfaches Restaurant mit Küche der Region, täglich wechselndes Menü.

Habaneras

Einmal Kuba und zurück – gesungene Emigrantenträume

Nach ein paar Jahren in Kuba mit einem Vermögen in die alte Heimat zurückzukehren – das war der Traum der katalanischen Emigranten. Fürs Erste musste man sich mit melancholischen Liedern begnügen, die von der Schönheit Kataloniens erzählten. Diese Gesänge, deren Ursprung in Kuba liegt, sind die *habaneras*. Heute werden sie wie in einer Seemannskneipe gesungen, und es gibt professionelle Gruppen, die Habaneras im Wettstreit vortragen. Ein Zentrum für *habaneras* an der Costa Brava ist Calella de Palafrugell.

La Bisbal ist berühmt für seine vielfältigen und schönen Töpferwaren

Sa/So geschl., Carrer Ramon Cabrera/Vinyoles, €€

EINKAUFEN

Bodega l'Empordà
Die *bodega* führt katalanische *cavas* (Sekte) und Landweine per Literverkauf direkt vom Fass. Außerdem gibt es hier eine schöne Auswahl an spanischen Brandys. *Carrer del Bisbal, 26*

Carrer Aigüeta
In dieser Richtung Girona führenden Ausfallstraße des Ortes gibt es unzählige Keramikgeschäfte, die ihre Waren draußen ausstellen.

Insider Tipp Freitagsmarkt
In der Altstadt, mit typischen Landesprodukten wie Öl, Wein, Wurstwaren. *8–14 Uhr, Plaça del Castell*

Vila Clara
Hier finden Sie ein großes Angebot von Keramikwaren. Eigene Werkstatt. *Carrer 6 de Octubre, 27, www.vila-clara.com*

ÜBERNACHTEN

Hostal Ardanius
Zentral gelegenes, familiäres Haus, etwas altertümlich. *21 Zi., Les Voltes, 7, Tel. 972 64 09 57, €*

Hotel Castell d'Empordà
Hotel in einer komfortabel restaurierten *masia*, einem katalanischen Gutshof, außerhalb von La Bisbal in ländlicher Umgebung. Mit gutem Restaurant. *14 Zi., Castell d'Empordà, s/n, Tel. 972 64 62 54, Fax 972 64 55 50, www.castelldemporda.com, €€€*

AUSKUNFT

Oficina de Turisme
Plaça del Castell, s/n, im Sommer tgl. 10–14 und 16.30–20.30 Uhr, im Winter Di–Fr 17–20, Sa 11–14 und 17–20, So 11–14 Uhr

Ein Spaziergang ins Mittelalter: Blick in die Gassen von Pals

ZIELE IN DER UMGEBUNG

Pals   [111 E4]

🌸 Der Besuch des kleinen Dorfes (1700 Ew.) 10 km südlich von Torroella ist eine Reise ins Mittelalter. Auf einem Hügel vor dem neuen Ort liegt die Siedlung aus dem 10. Jh. Alles ist erhalten geblieben und zum Teil restauriert worden: Stadtbefestigung, Häuser, Gassen, Türme, Rathaus. Von hier oben bietet sich ein schöner Ausblick auf die Ebene, in der auch Reis angebaut wird.

Peratallada   [111 D4]

⭐ Etwa 6 km von Bisbal entfernt, Richtung Osten, liegt dieses kleine Dorf, das kein Dorf mehr ist. Hier wohnen wohlhabende Ausländer und Barceloneser. Sie haben darauf geachtet, dass jeder Stein so bleibt, wie er im Mittelalter gesetzt wurde. So ist eine Art Vorzeigeort entstanden, mit winkeligen Gassen, Blumen in den Fenstern und Restaurants, aber ohne krähende Hähne und dörfliches Leben. Im Hotel *Castell de Peratallada (8 Zi., Plaça del Castell, 1, Tel. 972 63 40 21, Fax 972 63 40 11, casteperat@apli tec.com, €€€)* wohnt man wie im Mittelalter, doch mit dem Komfort des 21. Jhs. Gutes Restaurant.

Insider Tipp

Ullastret   [111 D4]

⭐ Die uralte Iberersiedlung ca. 12 km südlich von Torroella ist, wenn man so will, die Stadt der spanischen Ureinwohner. Die keltischen Iberer kamen im 8.–7. Jh. v. Chr. auf die Iberische Halbinsel. Um 600 v. Chr. begannen sie auf einem Inselberg, inmitten eines mittlerweile ausgetrockneten Sees, eine Siedlung zu bauen. Das umgebende Wasser schützte den Ort, nur an der Ostseite befand sich eine Schwachstelle. Hier bauten die Iberer im 5. Jh. v. Chr. eine gewaltige Wallanlage mit Türmen, die zum Teil noch heute erhalten sind, aber auch Zisternen und Getreidespeicher. Die technischen Voraussetzungen hatten sie wahrscheinlich den Griechen abgeschaut, die mittlerweile ins Land gekommen waren und mit dem 20 km entfernten Empurion eine Hafenstadt gegründet hatten. Mit ihnen trieben die Iberer auch regen Handel, was Funde griechischer Münzen und Keramiken in Ullastret beweisen. Um 200 v. Chr. verbündeten sich die stolzen Iberer mit Roms Feind Karthago. Daraufhin wurde Ullastret von der aufstrebenden römischen, scheinbar unbesiegbaren Mittelmeermacht überrollt. Die Iberer gaben ihre Stadt auf, zogen ins luxuriösere Empurion und lebten einträchtig mit Griechen und Römern. Ein *Museum* dokumentiert die einzigartige Geschichte Ullastrets. Gezeigt wird u. a. auch eine Folie mit iberischen Schriftzeichen. Was darauf geschrieben steht, weiß man freilich nicht: Das iberische Alphabet mit seinen 28 Schriftzeichen wurde bislang noch nicht entschlüsselt. *Juni–Sept. Di–Sa 10–18 Uhr, Okt.–Mai tgl. 10–14 und 15 bis 18 Uhr, Eintritt frei*

L'ESTARTIT

[111 E–F3] L'Estartit gehört zu dem mittelalterlichen Städtchen Torroella de Montgrí 6 km landeinwärts. Im 16. Jh. entstand es als Fischerhafen für die umgebenden Dörfer. Dank seines etwa 6 km langen Strandes sind heute in L'Estartit die Touristen eingezogen; im Winter ist es nahezu tot hier. Beliebt ist der Ort bei Wassersportlern, besonders Taucher kommen wegen der Medes-Inseln auf ihre Kosten.

SEHENSWERTES

Casa de Villa
Das alte Rathaus an der *Plaça de la Vila* im Stadtzentrum von Torroella wurde im 14. Jh. gebaut. Dazu gehört die antike *Capella de Sant Antoni del Porquet.*

Castell de Montgrí
Zwischen Torroella de Montgrí und L'Estartit steht der 300 m hohe

Den Weg zum mächtigen Castell de Montgrí muss man sich erwandern

Berg Montgrí. Ende des 13. Jhs. ließ König Jaume II. von Aragón und Katalonien, der sich Torroella zeitweise als Residenzstadt auserkoren hatte, dort oben eine Burg errichten – sie diente dem Schutz gegen die räuberischen Grafen von Empúries.

Nachdem man ungefähr eine Stunde lang aufwärts gelaufen ist, stößt man auf die imposante Anlage mit ihren Mauern und Rundtürmen. Allerdings stehen nur die Außenmauern, alles andere blieb unvollendet. Die Aussicht auf die Küste und das Hinterland ist ebenfalls beeindruckend.

Església Santa Ana

Die Pfarrkirche von L'Estartit beherbergt eine Statue der hl. Anna in einer Seitenkapelle: Die Heilige hält ihre Hand über den jungen Jesus. *Ortsmitte L'Estartit*

Església Sant Genís

Die mächtige gotische Kirche stammt aus dem 13. Jh. Hier werden sommerliche Musikfestivals veranstaltet (Auskunft erteilt das Touristenbüro).

Palacio Marqués de Robert (Palacio Solterra)

Renaissance-Stadtpalais eines alten Adelsgeschlechts von Torroella mit eindrucksvoller Fassade, sehr schönem Innenhof, Ziehbrunnen und Freitreppe. Hier untergebracht ist das *Museu Art 2000 (16. Sept.–14. Juni Sa 11–14 und 16.30–20.30, So und feiertags 10.30–14.30 Uhr; in der Karwoche 11–14 und 16.30 bis 20.30 Uhr; Eintritt 4,20 Euro)* mit einer Sammlung moderner katalanischer Kunst. *Carrer d'Església/ Carrer d'Ullà*

Portal de Santa Caterina

Eines von vier alten Stadttoren Torroellas. Quadratisches Tor mit Zinnen, von den vier Schanztürmen steht nur noch die runde *Torre de les Bruixes*. Ein Schaubild zeigt die vollständige Befestigungsanlage. *An der Straße Richtung Verges*

MUSEUM

Museu del Montgrí i del Baix Ter

Ausstellung für regionale Kultur und Geschichte, in einem mittelalterlichen Stadthaus untergebracht. *Mai–Sept. Mo–Sa 10–14 und 18–21 Uhr; Eintritt 1,80 Euro, Carrer Major, 31*

ESSEN & TRINKEN

Can Cervera

Schöne Tapas-Kneipe in der Fußgängerzone von L'Estartit mit über 20 Variationen der Appetithappen. *Tgl., Carrer Santa Ana, 25, €€*

Rosamar

Empfehlenswertes Lokal an der Strandpromenade von L'Estartit, das Fisch- und Fleischgerichte serviert. *Tgl., Passeig Marítim, 45, Tel. 972 75 14 43, €€*

Les Salines

Elegantes Fischrestaurant mit Hafenblick. *Tgl., Passeig Molinet, 5, Tel. 972 75 16 11, €€*

EINKAUFEN

El Bronce

Hier können Sie handgearbeiteten Schmuck mit südamerikanischen Motiven erwerben. *Torroella, Carrer Major, 51*

Dulcería Batlle
Paradies für Schleckermäuler, Konditorei seit 1880. *Torroella, Carrer d'Ullà, 6*

Mar del Coral
Präparierte Tiere aus dem Meer: Fische, Seesternchen, Korallen. Ideal für Souvenirs aus L'Estartit. *Carrer Santa Ana, 68*

Wochenmärkte
In Torroella werden montags gutes Obst und feines Gemüse feilgeboten. In L'Estartit ist donnerstags Markttag *(Carrer d'Eivissa)*: Fisch!

ÜBERNACHTEN

Pension Carmen
Einfache Pension, unweit vom Strand. *21 Zi., Carrer Ter Vell, 15, Tel. 972 75 02 12,* €

Hotel Les Illes
Das Hotel ist eine ideale Adresse für Sporttaucher, es verfügt über eine Tauchbasis. *49 Zi., Carrer Illes, 55 (im hinteren Hafenbereich), Tel. 972 75 12 39, Fax 972 75 00 86, www.hotellesilles.com,* €€

FREIZEIT & SPORT

Der wunderschöne Strand von L'Estartit bietet zahlreiche Möglichkeiten, sich sportlich zu betätigen.

Wassersport
Club Náutico Estartit, Passeig Marítim, Tel. 972 75 14 02
Tauchclub La Sirena, Passeig Marítim, Tel. 972 75 09 54

Golf
Club de Golf de Pals: Der 18-Loch-Platz liegt 18 km von Torroella entfernt, die Golfausrüstung können Sie sich im Club ausleihen. *Tel. 972 63 60 06*

Tauchen
Quim's Diving Center bietet alles für Taucher an, auch Kurse von Anfängerkursen (ab 40 Euro) bis zu Spezialkursen (360 Euro). *Carretera Toroella–L'Estartit (km 4,5), Tel./Fax 972 75 01 63, jaqq@alehop.com*

Wandern
Es gibt in der Gegend zahlreiche Wanderrouten, die durch bunte Pfeile gekennzeichnet sind (Auskunft im Touristenbüro).

AM ABEND

L'Estartit verfügt über eine Reihe von 🏃 Diskotheken, die im Sommer bis zum Morgengrauen geöffnet haben (*Genesis, Carrer de Illes, 27* und *Ola Ola, Carrer de l'Áncora, s/n*).

Daneben existiert an der *Carrer d'Eivissa (ab Nr. 40)* ein riesengroßes Vergnügungszentrum mit Bars, Pubs, Kneipen und einem Café für junge Leute mit dröhnender Musik.

Can Fonsu
Die Kneipe neben dem Touristenbüro von Torroella ist ein Treffpunkt Einheimischer. *Avinguda Lluís Companys, 56*

Look
Billardkneipe in Torroella. *Passeig de Catalunya*

Montserrat
🏃 Cafeteria mit Longdrinks. Treff für längere Abende in L'Estartit. *Passeig Marítim, 36*

Oficina Municipal de Turisme de Toroella i L'Estartit

Passeig Marítim, 33, Tel. 972 75 19 10, Fax 972 75 17 49, otestar @ddgi.es, im Sommer tgl. 9.30–14 und 16–20 Uhr; im Winter Mo–Fr 9–13 und 15–18, Sa 10–14 Uhr

ZIEL IN DER UMGEBUNG

Illes Medes　　　　　　**[111 F3]**
Die dem Strand von L'Estartit vorgelagerte Inselgruppe ist ein Natur- und Tauchparadies. *Meda Gran,* die größte der Inseln, war einst Schlupfwinkel von normannischen, algerischen und türkischen Piraten. Später bauten Mönche dort ein Wehrkloster (15. Jh.). Während der napoleonischen Kriege besetzten die Engländer die Insel, jedoch wurden sie von den französischen Kanonen vertrieben. Seit 1890 sind die Illes Medes unbewohnt; nur einen Leuchtturm gibt es hier. Derart ungestört, entwickelte sich hier eine ungewöhnlich reiche Pflanzen- und Tierwelt. Von L'Estartit fahren »Aquarium«-Boote in wenigen Minuten hinüber, in deren Rumpf Glasplatten eingelassen sind. So kann man auch die Pracht unter Wasser beobachten.

PALAMÓS

[113 F2] Bereits im 16. Jh. war Palamós eine reiche Stadt. Mehrmals von Seeräubern gebrandschatzt, war Palamós nicht unterzukriegen. Die Korkindustrie und die Fischerei ernährten die Stadt, als Marinestützpunkt der katalanischen und spanischen Flotte wurde sie be-

rühmt. Heute leben etwa 13 000 Menschen hier, dank einer der größten Flotten der Costa Brava nach wie vor von der Fischerei und seit den 1960er-Jahren auch vom Tourismus. Für die Touristen ist hier alles eingerichtet: Restaurants, Hotels, Vergnügungen jeder Art. Noch immer gibt es einen Hauch authentischer Hafenstadt. Und natürlich feine Sandstrände.

SEHENSWERTES

Denkmal »A la gent del Mar«
Die 1990 entstandene Plastik von Joan Abres am *Passeig del Mar* zeigt Fischer und deren Frauen, die den Fang in Körben auf ihrem Kopf heimtragen.

Església Santa Maria
Gotische Pfarrkirche von Palamós, 1371 geweiht. Sie wurde von türkischen Piraten zerstört, aber später wieder aufgebaut (16. Jh.). Im Innern sind Altarbilder flämischer Schule zu sehen. In der Kirche wurde das *Museu Parroquial Mossén Pau* eingerichtet. *Plaça Santa Maria*

Lonja
Mo–Fr gibt es eine Fischversteigerung im Hafen, je nach Wetter ab 17 Uhr.

MUSEUM

Museu Cau de la Costa Brava
Archäologische und volkskundliche Sammlung, in der sich auch Palamós' Münzen aus dem 15. Jh. befinden. Das Museum soll Ende 2002 als Fischereimuseum in den Hafen verlegt werden. *Di–So 10.30 bis 13.30 und 17–20 Uhr; Eintritt frei; Carrer Enric Vinke/Industria*

ESSEN & TRINKEN

El Campanar

Kneipe und Bar in den Gewölben neben der Pfarrkirche. *Tgl., Carrer de les Notaries, 20,* €

La Galera

Gemütliches Restaurant im Untergeschoss. Es gibt keine Karte – der Chef sagt, was es gibt, und es gibt nur Fisch. *So geschl., Carrer Mauri Vilar, 21, Tel. 972 31 51 78,* €€€

La Gamba

Eines der besten Fischlokale, manchmal aber auch sehr touristisch. Terrasse. *Mi geschl., Plaça Sant Pere, Tel. 972 31 46 33,* €€

Maria de Cadaqués

Erstklassiges Fischrestaurant. *Mo und 15. Dez.–15. Jan. geschl., Notaries, 39, Tel. 972 31 40 09,* €€

Trias

Im gleichnamigen Hotel. Exzellente Fischgerichte. *Tgl., Passeig del Mar, 4, Tel. 972 60 18 00,* €€

EINKAUFEN

Einkaufsmäßig hat Palamós wenig zu bieten. Die besten Geschäfte finden Sie in der Altstadt, rund um die *Carrer Mayor.*

ÜBERNACHTEN

Áncora

Hotel am Sa-Fosca-Strand. *34 Zi., Carrer Josep Pla, Tel. 972 31 48 58, Fax 972 60 24 70,* €€

Pension Maria

Zentrale Lage, einfach. *26 Zi., Carrer Alada, 18, Tel. 972 31 48 33,* €

Fischer im Hafen von Palamós

Trias

Komforthotel mit Pool am Strand. *81 Zi., Passeig del Mar, s/n, Tel. 972 60 18 00, Fax 972 60 18 19, www. hoteltrias.com,* €€€

Vostra Llar

Recht komfortables Haus. *45 Zi., Avinguda President Macià 12, Tel. 972 31 42 62, Fax 972 31 43 07,* €€

FREIZEIT & SPORT

Segeln

Club de Vela Palamós (mit Segelkursen), *Puerto Zona Deportiva, Tel. 972 31 58 71*

Tennis

Club Tenis Llafranc, Großanlage mit 19 Plätzen. Außerdem: Schwimmbad, Restaurant, Fußballplatz. Auch für Gäste. *Tel. 972 30 23 08*

AM ABEND

Es gibt einige Diskotheken am Strand, im Juli und August das klassische *Festival Internacional de Mú-*

Calella de Palafrugell hat schöne Buchten zum Baden und Faulenzen

sica. Die Nachtbars befinden sich am Fischerei- und Sportboothafen.

**Oficina Municipal
d'Informació Turística**
Passeig del Mar, 22, Tel. 972 60 05 00, Fax 972 60 01 37, www. palamos.org, im Sommer tgl. 9.30 bis 21.30 Uhr, im Winter 10–14 und 18–20 Uhr

ZIELE IN DER UMGEBUNG

Calella de Palafrugell **[111 F6]**
Idyllisches Fischerdorf ca. 10 km nördlich von Palamós. Hier ist noch relativ heile Welt zu finden: sauberes Wasser, schöne Buchten – und ein traumhafter Park mit über 100 Arten duftender Mittelmeerpflanzen, der *Jardín de los Rusos.* Er wurde 1923 von einem emigrierten russischen Offizier am Cap Roig (4 km außerhalb) angelegt. Im Sommer kommt ungewöhnliche Stimmung auf bei den *cantadas de habaneras,* einem Gesangswettstreit um die besten *habaneras.* Die Sänger trinken *cremat* (heißen Rum mit Kaffeebohnen, Zitrone und Zimt) und singen schwermütig von der Heimat und der weiten Welt.

Hotel: *Sant Roc (54 Zi., Plaça Atlántic, 2, Tel. 972 61 42 50, Fax 972 61 40 68, €€€),* ein wunderschönes Haus mit Meerblick.

Calonge **[113 E2]**
Mittelalterliches Dorf (5000 Ew., mit umliegenden Siedlungen) rund 7 km westlich von Palamós. Die große mittelalterliche Burg, das *Castell de Sessa* aus dem 12. Jh., wird renoviert (Fertigstellung 2003 geplant).

**Dolmen de la
Cova d'en Daina** **[113 D2]**
Ca. 15 km westlich von Palamós, beim Bergdorf *Romanya de la Selva,*

befindet sich diese imposante Bestattungsanlage aus der Steinzeit mit mehreren rund 4000 Jahre alten Hünengräbern.

Llafranc [111 F6]

Der ebenfalls rund 10 km nördlich von Palamós gelegene Nachbarort von Calella verfügt über eine herrliche Bucht. Hier gibt es keine Hochhäuser, dafür einige prächtige Villen. Leider führt die Durchgangsstraße direkt am Strand vorbei.

Palafrugell [111 E5]

Die Stadt (14 000 Ew.) ca. 7 km nördlich von Palamós ist Zentrum der Korkindustrie. Auf dem Sonntagsmarkt können Sie ein Gläschen *vin negre* genießen – mit 17 Prozent Alkohol ein starker Tropfen. Danach empfiehlt es sich, zum Lammessen ins *Mas Oliver (tgl., Creu Roquiñola, Tel. 972 30 10 41, €€)* zu gehen.

Platja del Castell [113 F2]

Nördlich von Palamós, 2,5 km von der Hauptstraße entfernt, liegt diese traumhaft schöne Felsenbucht mit feinem Sand und klarem Wasser.

PLATJA D'ARO

[113 E3] Vor einigen Jahrzehnten gab es hier nur Gärten. Heute versperren hohe Hotelbauten den Strand, locken Fast-Food-Restaurants, Supermärkte, Bars, ein Sportboothafen mit mehr als 400 Anlegern und Diskotheken Touristen aus nord- und osteuropäischen Ländern massenhaft an. Im Winter sieht es trister aus, die meisten Türen und Fenster der im Sommer so belebten Etablissements sind verrammelt. Die rund 5000 Einwohner schauen recht verloren in dieser Touristenmetropole aus.

Carles Camós Big-Rock

Restaurant in einem Viersternehotel. Ausgezeichnete Fischgerichte, sehr gute Weinkarte. *So abends und Mo geschl., Barri de Fanals, 5, Tel. 972 81 80 12,* €€

L'Esquinade

Gute Fischküche. *Tgl., Pinar del Mar, 13, Tel. 972 81 84 24,* €€

Llevant

Der servierte Fisch ist stets frisch. Man trifft hier sogar Einheimische. *Carretera de Palamós, 33, Tel. 972 81 75 37,* €€

Unzählige Boutiquen und Ramschläden reihen sich aneinander. Es gibt ein paar gute Konditoreien und Lebensmittelgeschäfte. Jeden Freitag ist Wochenmarkt.

Park Hotel Sant Jordi

Das angenehmste von allen, vor Platja d'Aro Richtung Palamós an einer Bucht, mit mehreren Tennisplätzen. *103 Zi., Condado San Jorge, Tel. 972 65 23 11, Fax 972 65 25 76,* €€€

Els Pins

Einfaches Haus mit einem kleinen Restaurant. *64 Zi., Nostra Senyora del Carme, 3–5, Tel. 972 81 72 19, Fax 972 81 75 46, www.publintur. es/elspins.htm,* €€

Planamar
Einfach und strandnah. *86 Zi., Passeig Marítim, 82, Tel. 972 81 71 77, Fax 972 82 56 62, hotelplanamar @yahoo.com, €€*

FREIZEIT & SPORT

Golf
Der *Club de Golf Costa Brava* hat einen 18-Loch-Platz, auch für Gäste. *Santa Cristina d'Aro, Tel. 972 83 71 50*

Tennis
Club de Tenis d'Aro, Paraje Gramoja, Castell d'Aro, Tel. 972 81 74 00   Tennis-Squash-Platja,   Carrer Sant Feliu, 3, Tel. 972 81 70 06

Wasserpark
🏃 Der *Aquadiver Wasserpark* mit seinen Wasserrutschen und Pools sorgt für Abkühlung. *Juni–Sept. tgl. 9–18 Uhr, Eintritt 15 Euro, an der Straße Richtung Palamós, Carretera de Circumvallació, s/n*

Wassersport
Escola Municipal de Vela: Segeln und Surfen. *Tel. 972 81 67 77*

AM ABEND

Es gibt alle möglichen Clubs, Flamencoshows, Pubs, Sangriatränken, Diskotheken, phonetische Ekstasen, Laserblitze.

Club Nàutic Port d'Aro
Skippers Lounge. Relativ ruhiger Club im Yachthafen. *Port d'Aro*

Kamel
🏃 Disko in goldfarbener Pyramidenform mit zwei Tanzflächen. *Carretera de Palamós, s/n*

Pacha
🏃 Es begann vor vielen Jahren in Madrid, jetzt gibt es die Filialen dieser Diskokette in vielen Orten, u. a. auch auf Ibiza und Mallorca. *Carretera Sant Feliu, 179*

AUSKUNFT

Foment Municipal de Turisme
Mossèn Jacinto Verdaguer, 4, Tel. 972 81 71 79, Fax 972 82 56 57, im Sommer tgl. 9–20 Uhr, im Winter Mo–Sa 9–14 Uhr

ZIEL IN DER UMGEBUNG

Castell d'Aro   [113 E3]
In diesem ruhigen, intakten Dorf 3 km westlich von Platja d'Aro sind die Ruinen einer mittelalterlichen Burg zu sehen.

Sant Feliu de Guíxols

🗺 **Karte auf Seite 115**

[113 E3] ⭐ Die Iberer waren schon vor der Zeitrechnung hier, später kamen die Römer. Ab dem 10. Jh. entstand eine größere Siedlung um das Kloster Sant Benet herum, im 12. Jh. wurde ein großer Hafen mit Werften gebaut. Das 18. und das 19. Jh. wurden von der Korkindustrie geprägt, die Bourgeoisie baute herrschaftliche Villen und richtete sich standesgemäß ein. Die geschichtsreiche Stadt mit heute rund 18 000 Einwohnern hat einen eigenen Stil bewahrt, trotz des Tourismus. Hierher kommen auch spanische Familien und Leute, die einfach nur Ruhe suchen.

Prachtvolles Gebäude am Passeig Marítim in Sant Feliu de Guíxols

SEHENSWERTES

Casa Patxot
In der schönen Jugendstil-Stadtvilla ist heute die Industrie- und Handelskammer untergebracht. Es gibt eine Ausstellung von Korkarbeiten, die Sant Feliu de Guíxols wohlhabend und berühmt gemacht haben. *Passeig del Mar, 40*

Casino La Constancia
Die Villa mit Türmchen, Minaretts und Mosaiken im arabischen Stil beherbergt eine große Bibliothek. Das Gebäude ist Treffpunkt der Schachspieler und Pensionäre. *Passeig dels Guíxols*

Ermita de Sant Elm
Dem hl. Telmus gewidmete Einsiedelei, oberhalb der Cala Vigatà gelegen. Von hier aus bietet sich ein phantastischer Ausblick. *Besichtigungen Tel. 972 32 09 10 (man spricht Französisch und Englisch)*

Friedhof von Sant Feliu
Sehr interessante Grabmäler und Monumente des Modernisme, des katalanischen Jugendstils. *Am Ortsausgang Richtung Tossa, nach rechts abbiegen*

Església Sant Feliu
Romanisch-gotische Kirche (14. Jh.) eines ehemaligen Benediktinerklosters. Das Portal stammt aus dem 10. Jh. *Plaça Monestir*

Plaça Monestir
Auf dem Platz sind die Reste des im 10. Jh. gegründeten Benediktinerklosters zu sehen. Karl der Große soll bereits die alte iberische Königsburg in einen Vorgängerbau zu Ehren des hl. Felix umgewandelt haben.

Porta Ferrada
Elegante Arkadengalerie aus dem 11. Jh., Überbleibsel der Klostervorhalle mit romanischen Fenstern,

jedoch mit barockem Portal. *Plaça Monestir*

MUSEUM

Museu Municipal

Ausstellung archäologischer Funde, aber auch katalanischer Volkskunst und zur Geschichte der Stadt. *Juni–Sept. Di–So 11–14 und 17–20 Uhr, Okt.–Mai Di–So 11–14 und 16–19 Uhr, Eintritt frei, Plaça Monestir*

ESSEN & TRINKEN

Amura

Mit Blick auf die Bucht von Sant Feliu, serviert werden Paellas in vielen Variationen. *Tgl., Plaça de Sant Pere, 7, Tel. 972 32 10 35, €*

Can Toni

Seit 75 Jahren Familienbetrieb mit Fischgerichten, täglich wechselndes Menü. *Tgl., Carrer Garrofers, 54, Tel. 972 32 20 26, €–€€*

Can Claver

Gemütliches Restaurant in einem Gebäude aus dem Jahr 1881. Paellas und Gegrilltes. *Im Winter So geschl., Carrer Joan Maragall, 18, Tel. 972 82 04 86, €*

Eldorado Petit

Lluis Cruañas führt zwei Lokale, in Barcelona das eine und hier das andere. Es bietet katalanische Küche mit reizvollen französischen und italienischen Akzenten. *Mi und im Nov. geschl., Rambla Vidal, 11, Tel. 972 32 18 18, €€€*

Montserrat-Can Salvi

Das Lokal besitzt eine herrliche Strandterrasse. Spezialität sind Seezungenfilets in Roquefort. *Mi und Jan./Feb. geschl., Passeig del Mar, 23, Tel. 972 32 10 13, €€*

EINKAUFEN

Die Gassen und die Strandpromenade der hübschen Innenstadt verlocken zu einem ausgedehnten Einkaufsbummel durch Modeboutiquen und Souvenirläden, gute Lebensmittel- und Delikatessengeschäfte oder Kunsthandwerkshops. Jeden Sonntag wird vor dem Rathaus ein Wochenmarkt abgehalten.

ÜBERNACHTEN

Casa Buxó

Zentral gelegene Pension, 50 m vom Strand. *13 Zi., Carrer Major, 18, Tel. 972 32 01 87, casabuxo@ mbr.zzn.com, €*

Rex I

Einfaches und kleines Haus in netter Lage. *25 Zi., Rambla del Portalet, 16, Tel. 972 82 18 09, €€*

Sol

Das von Palmen umgebene Hostal wurde 2002 renoviert. Es liegt ca. 500 m vom Strand und von der Stadt entfernt. *41 Zi., Carretera de Palamós, 194, Tel. 972 32 01 93, Fax 972 82 06 77, www.hostalel sol.com, €€*

FREIZEIT & SPORT

Freizeitzentrum

Els Quatre Arbres, Parque de Atracciones: Hier kann man sich mit Reiten, Tennis, Trampolinspringen und Minigolf auf sportliche Art die Zeit vertreiben. *Carretera de Girona, s/n, Tel. 972 32 04 59*

Strände und Buchten

Sant Feliu hat feinsandige Strände in Stadtnähe: im Norden die Bucht von *Sant Pol*, vor der Altstadt die *Platja Sant Feliu* mit allen Einrichtungen. Nach Süden hin liegen *Sang i Fetge*, *Les Planetes* und *Port Salvi*.

Tauchen

Eden Roc Diving Center: Tauchgänge und Kurse. *Platja de Sant Pol, Tel. 669 70 13 49*

Tennis

Der *Club Tenis Guíxols* bietet auch Kurse an. *Carretera Sant Pol, s/n, Tel./Fax 972 32 10 50*

Wassersport

Club Nàutic Sant Feliu: Segeln, Kurse. *Zona Esportiva del Port, Tel. 972 32 17 00*

Escola de Windsurf, Platja de Sant Pol, kein Tel.

AM ABEND

Sant Feliu hat am 🏃 *Passeig del Mar* und in der Innenstadt eine ganze Reihe von Kneipen, Bars, Diskotheken und Nightclubs. Sommerzelte gibt es am Hafen hinter dem Parkplatz Llotja.

AUSKUNFT

Oficina Municipal de Turisme
Plaça Monestir, s/n, Tel. 972 82 00 51, Fax 972 82 01 19, Mo bis Sa 10–13 und 16–19 Uhr; So 10–14 Uhr, www.guixols.net

ZIELE IN DER UMGEBUNG

Küstenstraße nach Tossa de Mar [113 E3, D3–4]
⭐ 🌅 Wenn Sie mit dem Auto fahren, sollten Sie sich die Tour auf dieser kurvenreichen Straße nicht entgehen lassen, denn sie präsentiert die wahre Costa Brava und bietet einzigartige Ausblicke.

Santa Cristina d'Aro [113 D3]
Im idyllischen Tal des Riu Ridaura, ca. 5 km westlich von Sant Feliu, steht diese schöne barocke Pfarrkirche mit einem Altaraufsatz aus dem 17. Jh. Hier befindet sich auch der bekannte gleichnamige Golfclub.

In der Nähe von Sant Feliu de Guíxols gibt es feinsandige Buchten

Küste der Gegensätze

Viel Spaß am Strand und Entdeckungen in der Hauptstadt der Costa Brava

Mit dem südlichsten Teil der Costa Brava verbindet sich bei Tausenden von Touristen die »wahre« Costa Brava. Hier werden die meisten Ferienangebote offeriert, hier kommen im Sommer die Busse aus allen Teilen Nord- und Osteuropas an, mit sonnen- und erlebnishungrigen, überwiegend jungen Menschen oder solchen, die darauf hoffen, preiswert die Ferien verbringen zu können. Im Winter hingegen ist es trist hier. Nur an den Feiertagen, besonders zu Ostern, reisen überwiegend spanische Rentner an, um von den Preisnachlässen der Hotels zu profitieren. Wer Sonne und Strand, aber nicht die Massen und aufdringliche Unterhaltung mag, sollte das Gebiet meiden – da gibt es passendere Orte an der Küste.

Schon wenige Kilometer landeinwärts ändert sich die Szene. In einer grünen, lieblichen und hügeligen Landschaft trifft man auf alte Dörfer, heiße Quellen und auf das geschichtsträchtige Girona, die Hauptstadt der Provinz gleichen Namens.

Die barocke Fassade der Kathedrale von Girona

Abendstimmung in Tossa de Mar

BLANES

[112 B5] In Blanes (20 000 Ew.), von den Römern gegründet, endet die Nahverkehrsbahn aus Barcelona. Und hier beginnt, in Richtung Norden, die eigentliche Costa Brava. Es gibt nur wenige Strände: die kleine *Platja de Santa Ana* hinter dem Hafen und südlich der Stadt die *Platja de Sabanell* mit gröberem Sand. Ein Besuch lohnt sich wegen des Fischereihafens, der Fischrestaurants und des bekannten botanischen Gartens.

SEHENSWERTES

Jardí Botànic Marimurtra
★ ◁▷ Der Deutsche Karl Faust (1874–1952) ließ auf seinem Gar-

tenareal einen botanischen Garten einrichten. Auf dem 0,16 km^2 großen Gelände, von dem man einen schönen Ausblick auf Blanes und das Meer hat, sind verschiedene Gärten mit typischen Mittelmeerpflanzen angelegt. *April–Okt. tgl. 9–18 Uhr; Nov.–März Mo–Fr 10 bis 17, Sa/So 10–14 Uhr; Eintritt 2,50 Euro, Passeig Karl Faust, 9 (oberhalb des Hafens)*

ESSEN & TRINKEN

Im Fischereihafen gibt es einige Restaurants, die besonders bei Wochenendbesuchern aus Barcelona beliebt sind.

Marisqueria El Port

Alles, was das Meer bietet, besonders gut die Sardinen und die *mejillones* (Miesmuscheln). Schon ab 5 Uhr morgens (bis 23 Uhr) geöffnet. *Tgl., Explanada del Port, s/n, Tel. 972 33 48 19, €–€€*

ÜBERNACHTEN

Beverly Park

Das erste Haus am Platz. *168 Zi., Mercè Rodoreda, s/n, Tel. 972 35 24 26, Fax 972 33 01 10, www. hotelbeverlypark.com, €€€*

Pension Los Maños

Einfache Pension, zentral im Ort gelegen. *18 Zi., Carrer Aragó, 1, Tel. 971 33 06 70, €*

AUSKUNFT

Oficina Municipal de Turisme

Plaça Catalunya, 21, Tel. 972 33 03 48, Fax 972 33 46 86, otblanes@ddgi.es, Mo–Fr 9–14, Sa 9.30 bis 13.30 Uhr

---

GIRONA

Karte auf Seite 114

[110 A4–5] ★ In starkem Kontrast zu den Küstenorten der Costa Brava steht die Hauptstadt der Provinz Girona mit rund 90 000 Einwohnern. Sie ist nicht nur eine typisch katalanische, sondern auch urspanische Stadt. Die römischen Via Augusta ging durch ihre Mauern, die Westgoten siedelten hier im 6. Jh., und um 900 n. Chr. hatte die Stadt eine große jüdische Gemeinde. Im Mittelalter versuchte Felipe III. Girona zu erobern, desgleichen die Franzosen 1710, im Februar 1939 eroberten die Franco-Truppen die Stadt.

In der zweiten Hälfte des 20. Jhs. entstand eine enorme Papierindustrie. Bei einem Spaziergang in der Innenstadt wird man gewahr, dass Girona eine durchaus attraktive Stadt ist.

SEHENSWERTES

Altstadt

Die Altstadt liegt östlich des Riu Onyar: enge Gassen, viele Treppen, Haus an Haus, Teil der alten Stadtmauer. Die Häuser wurden renoviert und neu gestrichen und bilden eine farbige Kulisse am Fluss.

Banys Arabs

Badeanlagen, die erst im 12. Jh., 400 Jahre nach der Vertreibung der Mauren aus Girona, von Christen errichtet wurden – allerdings im altrömischen Stil. *Im Sommer Di–Sa 10–19 Uhr; So 10–14 Uhr; im Winter Di–So 10–14 Uhr; Eintritt 1,50 Euro, Carrer Rei Ferran el Catòlic*

Carrer dels Alemanys

Die »Straße der Deutschen«, hinter der *Plaça de Sant Domènec*. Hier wurde im 17. Jh. eine Kaserne für deutsche Söldner gebaut, die man zum Schutz gegen die Franzosen angeworben hatte.

Judenviertel

Das alte Judenviertel von Girona lag zwischen dem 9. und 15. Jh. an der *Carrer de la Força*. Dort befindet sich auch die mittelalterliche Wohnung des jüdischen Gelehrten Isaac el Cec (Isaak der Blinde).

Kathedrale

Die Kathedrale ist einer der schönsten Sakralbauten Spaniens. Eine Freitreppe mit unzähligen Stufen führt hinauf zum Portal. Karl der Große soll den Urdom gestiftet haben. 1038 wurde an dieser Stelle eine romanische Kirche geweiht, von der noch Teile erhalten sind. An dem Gotteshaus wurde mehrere Jahrhunderte gebaut. Das Kirchenschiff wurde 1604 fertig gestellt, der Turm, mit einem Engel oben-drauf, 1580, die barocke Fassade erst 1733. Schön ist der Kreuzgang aus dem 12. Jh. Den romanischen Chorraum zieren ein Marmoraltar (1038) und ein romanischer Bischofsstuhl (ebenfalls 11. Jh.). In den drei Kapitelsälen des linken Seitenschiffs ist ein Museum eingerichtet, der *Tresoro*. Neben wertvollen Goldschmiedearbeiten sowie romanischen und gotischen Skulpturen ist dort der vielleicht wertvollste Kirchenschatz Spaniens ausgestellt: der *»Tapiz de la Creación«*, ein riesiger Wandteppich, auf dem in 30 Feldern die Schöpfungsgeschichte dargestellt ist. *Di–Sa 10–14 und 17–18 Uhr; So 10–14 Uhr; Eintritt 2,50 Euro, Plaça de la Catedral*

Passeig Reina Joana

Die wunderschöne Promenade außerhalb der alten Stadtmauern beginnt bei den Banys Arabs.

Sant Feliu

Die dreischiffige gotische Wehrkirche wurde in der Zeit vom 13. bis

---

MARCO POLO Highlights »Girona und La Selva«

★ **Jardí Botànic Marimurtra**
Alles, was am Mittelmeer wächst und blüht, ist auch im botanischen Garten von Blanes zu sehen (Seite 69)

★ **Girona**
Die alte Stadt ist eine Fundgrube für Kulturinteressierte (Seite 70)

★ **Lloret de Mar**
Von den einen geliebt, von den anderen abgelehnt: das Touristenbabel der Costa Brava (Seite 73)

★ **Tossa de Mar**
Charmantes Städtchen mit feinem Strand und mittelalterlichem Viertel (Seite 76)

17. Jh. errichtet. Angeblich stehen ihre ältesten Teile auf jenen Katakomben, in denen im 4. Jh. der hl. Narzissus getötet wurde. Ihr Namenspatron, der hl. Feliu, war im 4. Jh. Bischof von Girona.

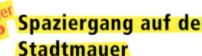 Spaziergang auf der Stadtmauer

Sie können auf der alten Stadtmauer entlangspazieren. Man beginnt hinter der Kathedrale am *Portal de Sant Cristóbal* und wendet sich nach Süden. Auf über 1 km bietet sich ein guter Blick auf die Stadt.

MUSEEN

Museu d'Art

Das Museum ist durch einen Torbogen mit der Kathedrale verbunden. Einmaliges Kirchengericht aus dem 12. Jh. Hier ist das Diözesanmuseum untergebracht mit Ausstellungsstücken aus der frühen christlichen Zeit bis ins 20. Jh., so der Michaelsaltar und einige Manuskripte des Malers Francisco Goya. *Di–Sa 10–14 und 17–19 Uhr; So 10–13 Uhr; Eintritt 1,25 Euro, Pujada de la Catedral, 14*

Museu del Cine

Auf einer Fläche von 2500 m^2 präsentiert dieses Museum 8000 Objekte von der Kamera der Brüder Lumière bis zu Filmapparaten. Außerdem ist eine Fachbibliothek vorhanden. *Di–So 10–18 Uhr; Eintritt 3 Euro, Carrer Sèquia, 1*

Museu d'Història de la Ciutat

Die ganze Stadtgeschichte auf einen Blick. *Di–So 10–14 und 17–19 Uhr; Eintritt 1,50 Euro, Carrer de la Força, 27*

ESSEN & TRINKEN

Albereda

Dieses Restaurant bietet ausgezeichnete katalanische Küche. *Mo abends geschl., Albereda, 7, Tel. 972 22 60 02, €€*

Can Lloret

Traditionelle katalanische Küche, Blick auf die Flusshäuser. *Tgl., Carrer Plaça de la Independencia, 14, Tel. 972 21 36 71, €*

La Penyora

Im Herzen der Altstadt wird alles serviert, was der Markt frisch bietet. *Tgl., Carrer Nou del Teatre, 3, Tel. 972 21 89 48, €€*

EINKAUFEN

Es lohnt sich, in den oft jahrhundertealten Geschäften und Läden der Altstadt, wie beispielsweise in der *Carrer Carreras Peralta*, nach Antiquitäten und alten Büchern zu stöbern.

Buchhandlung Ulyssus

Hier gibt es Bücher und Karten für Costa-Brava-Reisende. *Carrer Ballesteries, 29*

ÜBERNACHTEN

Barnet

Einfache Pension gegenüber der Altstadt auf der anderen Flussseite. *18 Zi., Carrer Santa Clara, 16, Tel. 972 20 00 33, €*

Bellmirall

Schöne alte Pension mit sieben originell eingerichteten Zimmern, in der Altstadt gelegen. *Bellmirall, 3, Tel. 972 20 40 09, €€*

Meliá Confort Girona
Das größte Hotel der Stadt. *114 Zi., Carretera Barcelona, 112, Tel. 972 40 05 00, Fax 972 24 32 33, melia-confort.girona@solmelia.es,* €€€

Angenehm ist ein Bummel durch die Altstadt oder die *Rambla de la Llibertat* mit ihren Cafés und eleganten Geschäften.

Bar Platea
🏃 In einem früheren Theater, der nächtliche Studententreffpunkt. *Ab 20 Uhr, Carrer Jeroni Real de Font-clara, 4, Tel. 972 22 72 88*

AUSKUNFT

Oficina Municipal de Turisme
Rambla de la Llibertat, 1, Tel. 972 22 65 75, Fax 972 22 66 12, www.ajuntament.gi, Mo–Fr 8–20, Sa 8 bis 14 und 16–20, So 9–14 Uhr

ZIEL IN DER UMGEBUNG

Caldes de Malavella   [112 B2] *Insider Tipp*
Diese Heilbäder liegen ca. 17 km südlich von Girona in der Comarca La Selva. Wer Erholung sucht, findet komfortable Unterkunft im *Balnear i Prats (76 Zi., Plaça Sant Esteve, 7, Tel. 972 47 00 51, Fax 972 47 22 33, www.balneariprats. com,* €€€*)*, einer alten Villa. Dort werden Anti-Stress- und Schönheitsbehandlungen sowie verschiedene Massagen angeboten.

LLORET DE MAR

[112 B–C5] ★ 🏃 Für die einen ist es das Amüsierparadies, für die anderen ein Babel des billigen Vergnügens und schlechten Geschmacks. Sicher ist, dass kein Ort an der Costa Brava das Image dieser Region so geprägt hat wie Lloret (15 000 Ew.). In der Vorstellung

Die Pension Bellmirall in Gironas Altstadt ist etwas für Individualisten

vieler Leute ist Lloret de Mar die Costa Brava schlechthin. Schon die Römer waren hier, damals hatte der Ort den romantischen Namen Lauretum, wegen der hier wachsenden Lorbeerbäume. Im 10. Jh. residierten die Herren der Burg von Perefols an diesem Ort, später die Bischöfe von Girona.

Dank eines 5 km langen Strandes und eines rund um die Uhr tobenden Amüsierbetriebes übersteigt die Einwohnerzahl im Sommer leicht die 100 000er-Grenze. Die Touristen kommen aus England, Deutschland, Skandinavien und seit dem Ende der Sowjetunion zunehmend aus den osteuropäischen Ländern.

SEHENSWERTES

Castell de Lloret

Die trutzige Burg mit Mauern und Türmen steht am Nordende des Strandes. Das Bauwerk stammt von 1929. Ein reicher Geschäftsmann hatte sich einen Kindheitstraum erfüllt. *Sa Caleta*

Dona Marinera

Denkmal für die Frauen der Fischer Llorets. Die Bronzestatue, eine Arbeit des katalanischen Bildhauers Ernest Maragall, stellt eine Frau dar, die die heimkehrenden Boote grüßt. *Am Südende des Strandes von Lloret*

Església de Sant Romà

Die wichtigste Kirche Llorets stammt aus dem frühen 16. Jh., wurde jedoch durch die Jahrhunderte hindurch immer wieder verändert und erweitert. Das Kirchendach ist mit farbigen Ziegeln gedeckt. *Plaça d'Església*

Paseo de Mar

Ein Spaziergang auf der Strandpromenade führt nicht nur am Strand entlang, sondern auch am Rathaus und stattlichen Bürgerhäusern aus dem 19. Jh. Hinter der Promenade findet man die engen Gassen der Altstadt mit einigen Häusern aus dem 16. Jh.

Santa Cristina

Diese kleine Kapelle aus dem 18. Jh. hat einen italienischen Marmoraltar. Sie ist am 24. Juli Ausgangspunkt für eine Bootsprozession mit der Figur der hl. Christina. *Platja de Santa Cristina (ausgeschildert)*

MUSEEN

Es gibt hier tatsächlich welche:

Centro Cultural Badaguer

Wechselnde kunsthistorische Ausstellungen in einer prächtigen Villa mit Mosaikfußböden. *Mo–Sa 11 bis 13 und 17–22 Uhr, Eintritt frei, Passeig Cinto Verdaguer, s/n*

Museu de Lloret de Mar

Städtisches Museum. Dokumentation der Geschichte Llorets, archäologische Funde. *Mo–Sa 10–13 und 16–19 Uhr, Eintritt 2 Euro, Carrer de Sant Carles, 16*

ESSEN & TRINKEN

In Lloret gibt es unzählige Bars, Fast-Food-Läden, Billigrestaurants, aber auch solche mit gehobener Küche und internationalem Standard. Hier einige der Letzteren:

Ca l'Avi

Seit Generationen ist das »Haus des Opas« ein beliebter Treffpunkt der

Bei der weißen Kapelle Santa Cristina beginnt eine Prozession der Fischer

Einheimischen. Frischer Fisch und gute Fleischgerichte. *Mitte Dez. bis Mitte Jan. geschl., Avinguda de Vidreres, 30, Tel. 972 36 53 55, €€*

Can Tarrades
Relativ einfaches Restaurant, schmackhafte und ehrliche katalanische Küche. Täglich wechselnde Menüs. *Tgl., Plaça d'Espanya, Tel. 972 36 97 95, €*

El Celler del Stop
Kleine Pinte mit preiswerten Menüs, hier essen die Einheimischen. *Tgl., Carrer Puntaires, 17, Tel. 972 36 90 08, €*

Les Petxines
🔻 Fischgerichte und experimentelle Küche. Mit Terrasse und Meerblick. *Mi geschl., im Hotel Excelsior, Passeig Mossèn J. Verdaguer, 16, Tel. 972 36 41 37, €€€*

El Trull
Ein Restaurant für besondere Abende. Feine Fischgerichte und große Auswahl guter spanischer Weine. *Tgl., 3 km außerhalb Llorets in der* *Urbanisación Platja de Canyelles, Tel. 972 36 49 28, €€*

EINKAUFEN

Art Plaça
Kunsthandwerk in Keramik. Für Lloret de Mar ungewöhnlich geschmackvoll. *Plaça d'Església*

Centro Comercial Caravela
Einkaufszentrum am Anfang der Strandpromenade. Boutiquen und Shops auf mehreren Etagen, extravagante Bademode im *Tingo Tango* (1. Stock). *Passeig Agustí Font*

Wochenmarkt
Sehenswert, jeden Dienstag in der Nähe des Kasinos. *Bis 14 Uhr, an der Carrer Senia de Rabic*

ÜBERNACHTEN

Lloret verfügt über 200 Hotels (Bettenkapazität über 30 000).

Gran Hotel Monterrey
Luxushotel mit Pool, Tennis und schönem Park. *228 Zi., Carretera*

TOSSA DE MAR

de Tossa de Mar, s/n, Tel. 972 36 40 50, Fax 972 36 35 12, €€€

Neptuno
Für Durchreisende mit kleinem Budget. *22 Zi., Carrer Josep Lluhi, 11, Tel. 972 36 40 89, €*

Palmera
Einfach und preiswert. *115 Zi., Carrer Carme, 31, Tel. 972 36 47 00, Fax 972 36 69 62, www.publintur. es/lapalmera, €€*

Santa Marta
Sehr schön gelegen in der Bucht Santa Cristina. *76 Zi., Tel. 972 36 49 04, Fax 972 36 92 80, €€€*

FREIZEIT & SPORT
Motorsport
Gokarts: *Karting Formula, Carretera de Girona, Tel. 972 36 78 07*

Reiten
Club Hípic: Tel. 972 36 86 15; Colorado: Tel. 972 36 52 79; Venta de Goya: Tel. 972 36 45 38

Tennis
Sportzentrum neben dem Postamt, Tel. 972 36 66 13

Wasserpark
🏃 *Water World* mit Wildwasserbahnen, Schwimmbecken, Rutschbahnen, Wellenbad. *Mai–Mitte Sept. tgl. 10–18 Uhr, Eintritt 13 Euro, Ortsausfahrt Richtung Blanes, Carretera Vidreres (km 1,2)*

Wassersport
Club Marítim Fenals: Platja de Fenals, Tel. 972 36 63 71
    Club Nàutic Lloret: Passeig de la Riera, s/n, Tel. 972 37 22 55

Windsurfing Vent Blau: Platja de Fenals, Infotel. 972 36 52 00

AM ABEND
Lloret hat mehr als 50 Diskotheken, unzählige Pubs und Kneipen zu bieten, dazu Nachtclubs, ein Spielkasino (bis 4 Uhr geöffnet), das Spielautomaten-Paradies *Magic Park* und das *Gran Palace Lloret* (internationales Varieté mit Flamencoshow).

AUSKUNFT
Oficina d'Información Turística
Plaça de la Vila, Tel. 972 36 47 35, Fax 972 36 77 50 und Terminal Bus (Busbahnhof), Tel. 972 36 57 88, Fax 972 37 13 95, www.lloret.org, Mo–Fr 9.30–13 und 16–19, Sa 9.30–13 Uhr

TOSSA DE MAR
Karte auf Seite 115

[113 D4] ⭐ Als der russische Maler Marc Chagall 1933 Tossa besuchte, nannte er es »das blaue Paradies«. Jahrzehnte vor dem großen Touristenboom hatte Tossa eine große Anziehungskraft auf Künstler, wohl wegen der wunderschönen Lage zwischen Felsen und mit einer immer noch intakten mittelalterlichen Stadt. Die vier feinsandigen Strände vor dem Ort sind heute Ziel eines eher familiär ausgerichteten Tourismus. Laut einer örtlichen Statistik kommen 65 Prozent der Gäste mit Familie und häufig zum wiederholten Male. Auch bei den Katalanen ist Tossa beliebt, am Wochenende sieht man mehr Leute aus Barcelona als anderswo an der Küste. Das 18. Jh. brachte Wohlstand dank der Fischerei und einer florierenden Korkindustrie. Heute leben etwa 3300 Menschen hier. Der Tourismus ist nicht so intensiv wie anderswo, weshalb es noch so etwas wie eine einheimische Identität des Ortes gibt.

SEHENSWERTES

Capella de la Virgen del Socorro
Die kleine Kapelle liegt mitten in der Innenstadt. Sie stammt aus dem Jahr 1593 und wurde immer wieder erneuert. *Carrer Mare de Deu del Socorro*

Església de Sant Vicenç
Barocke Pfarrkirche von Tossa (aus dem 18. Jh.) mit Pfarrmuseum *(Fr 17.30–18.30 Uhr). Eintritt frei, Carrer d'Església*

Vila Romana
Reste einer römischen Siedlung, die 1914 entdeckt wurde. Besonders hübsches Mosaik. Die Stätte wurde 2000 wegen Ausgrabungen geschlossen. *Avinguda del Pelegrí*

Vila Vella
Die Altstadt von Tossa – wie ein Museum, aber bewohnt und mit etlichen Restaurants. Sie wird wie im Mittelalter von einer geschlossenen Stadtbefestigung mit zahlreichen Wehrtürmen umgeben. Die Anlage wurde im 12. Jh. zum Schutz gegen die Piraten gebaut. Im oberen Teil stehen die Ruinen der gotischen Kirche. Die Altstadt wurde während der letzten Jahre liebevoll restauriert. Sie gilt als eine der schönsten in Spanien. Herrliche Ausblicke hat man vom Leuchtturm oberhalb der Vila Vella. *Insider Tipp*

MUSEEN

Casa de la Cultura
Wechselnde Kunstausstellungen im Innenhof des ehemaligen Hospitals San Miguel. *Tgl. 16–21 Uhr; Eintritt frei, Avinguda del Pelegrí, 8*

Die Vila Vella von Tossa de Mar schützte früher vor Piratenüberfällen

Museu Municipal

Der ehemalige Gouverneurspalast direkt an der Stadtmauer der Vila Vella beherbergt eine großartige Gemäldesammlung. Gezeigt werden Werke von Mercader, Sacharow und natürlich Chagall. In Tossa de Mar entstand das berühmte Bild »Der himmlische Violinspieler«. Und hier wird es auch ausgestellt. Es zeigt den Flug eines Geigers vor einem geöffneten Fenster Tossas mit der Aussicht auf Chagalls Heimatort Witebsk. *Juni–Sept. tgl. 10–20 Uhr, Okt.–Mai Mo–Fr 10–13 und 15–17, Sa/So 11–13 und 14 bis 17 Uhr, Eintritt 3 Euro, Plaça Roig y Soler, museu.tossa@ddgi.es*

ESSEN & TRINKEN

Bahía

Fischküche, Spezialität: *Simitomba* (Fisch mit Kartoffeln). *Weihnachten geschl., Passeig del Mar, 19, Tel. 972 34 03 22, €–€€*

Can Joan Pescador

Einfaches Lokal am Fußballplatz, sehr gute Preise. Solide Gerichte, frische Zutaten. *Tgl., Carrer Doctor Fleming, 2, Tel. 972 34 12 14, €*

Castell Vell

Katalanische und Wildgerichte in einem Gemäuer der Altstadt. Terrasse und Blick über die Vila Vella. *Okt.–Ostern geschl., Plaça Roigi Soler, 2, Tel. 972 34 10 30, €–€€*

Es Molí

Originelles Lokal in einer ehemaligen Mühle mit großem Kamin und Hof, in dem Orangenbäumchen stehen. Empfehlenswert sind Fisch-, aber auch katalanische Fleischgerichte. *Di und Mitte Dez.–Mitte*

Feb. geschl., Carrer Tarull, 5, Tel. 972 34 14 14, €€–€€€

EINKAUFEN

Everest

Bestes Lladró-Porzellan für Liebhaber, entsprechende Preise. *Carrer Pola, 1*

Galería Art Tossa

Kunstgalerie, Verkauf von Gemälden und Plastiken katalanischer Künstler. *Carrer de la Verge del Socorro, 12*

Wochenmarkt

Donnerstags von 8 bis 14 Uhr. *Avinguda Joan Maragall*

ÜBERNACHTEN

Mar Menuda

Sehr schönes Komforthotel, direkt am Strand gelegen, Pool und schöne Terrasse. *50 Zi., Platja de Mar Menuda, s/n, Tel. 972 34 10 00, Fax 972 34 00 87, €€€*

Moré

Insider Tipp

Kleine, saubere Pension, preiswerte Familienunterkunft nicht weit vom Strand. *10 Zi., Carrer Sant Elm, 5, Tel. 972 34 03 39, €*

Reymar

Das Luxushotel von Tossa de Mar: edle Einrichtung, Poolanlage und Tennis. Hinzu kommt der Blick auf die Bucht. *166 Zi., Platja de Mar Menuda, Tel. 972 34 03 12, Fax 972 34 15 04, www.ghreymar.com, €€€*

Tonet

Dieses kleine und gemütliche Familienhotel liegt im Zentrum von Tossa. *36 Zi., Plaça d'Església, s/n, Tel. 972 34 02 37, €€*

FREIZEIT & SPORT

Tauchen

Tauchzentrum Andreas Diving: Tauchgänge, Tauchkurse, Ausrüstung. *Avinguda Sant Raimon de Penyafort, 11, Tel. 972 34 20 26, www.andreas-diving.com*

Tennis

Hostal La Huerta, Avinguda de Catalunya, s/n, Tel. 972 34 02 21

Wassersport

Aristos Club: Segeln, Surfen, Wasserski und Tauchen stehen auf dem Programm. *Camping Cala Llevado, Tel. 972 34 12 77*

AM ABEND

Am preiswertesten ist das kleine Vergnügen eines Bummels über den *Passeig del Mar,* durch die mittelalterliche Stadt, vorbei an der *Avinguda de Costa Brava* oder der *Plaça de Espanya.*

Catxa-Club

Edeldisko unter freiem Himmel mit Pool, liegt etwas außerhalb. *Tgl. 22–5 Uhr, Eintritt 9 Euro, Carretera Sant Feliu, ca. 1,2 km nördlich, Tel. 972 64 52 22*

Don Pepe

Urige Bar, häufig Livemusik. *Im Sommer tgl. 20–3 Uhr, Carrer Estolt, 6, Tel. 972 34 22 66*

Night Club Paradis

Nachtvergnügen am Strand. Einlass ab 22 Uhr. *Passeig del Mar, 53, kein Tel.*

Vila Vella

Schöne Kneipe mit Terrasse im mittelalterlichen Tossa auf dem Hügel. *Vila Vella*

AUSKUNFT

Oficina Municipal de Turisme

Avinguda de Pelegrí, 25 (am Busbahnhof), Tel. 972 34 01 08, Fax 972 34 07 12, www.tossademar. com, Mo–Sa 10–13 und 16–19 Uhr

ZIELE IN DER UMGEBUNG

In der unmittelbaren Umgebung von Tossa de Mar liegen viele idyllische Buchten, Paradiese für Sporttaucher, z. B. *Cala Giverola* (5 km nördlich). Man kann auch mit dem Boot ab Platja Gran zu verschiedenen Buchten um Tossa fahren.

Die MARCO POLO Bitte

Marco Polo war der erste Weltreisende. Er reiste in friedlicher Absicht, verband Ost und West. Er wollte die Welt entdecken, fremde Kulturen kennen lernen, nicht zerstören. Könnte er heute für uns Reisende nicht Vorbild sein? Aufgeschlossen und friedlich sollte unsere Haltung auf Reisen sein. Dazu gehören auch Respekt vor Mensch und Tier und die Bewahrung der Umwelt.

WWF

Traumbuchten und Surrealismus

Die Touren sind in der Karte auf dem hinteren Umschlag und im Reiseatlas ab Seite 108 grün markiert

1 AUF DEN SPUREN VON SALVADOR DALI

Wer die Werke des surrealistischen Malers Salvador Dalí (1907–89) besser verstehen will, sollte den Teil der Costa Brava erkunden, in dem Dalí den größten Teil seiner Schaffenszeit verbrachte. Der Künstler war in seiner Heimat tief verwurzelt, und seine Bilder stehen – so merkwürdig es auch klingen mag – in harmonischem Einklang mit der Landschaft der nördlichen Costa Brava. Diese Tour führt zu den Eckpunkten und Kultstätten des »surrealistischen Dreiecks« nach Figueres, Cadaqués und Púbol, aber auch an die Nordküste, die Dalí und seine Frau Gala so liebten, an Strände, in alte Städte und Dörfer, zu antiken Stätten und in typische Restaurants. Die 180 km lange Rundreise könnte an einem Tag bewältigt werden; doch um die Eindrücke, Genüsse und Aussichten angemessen zu würdigen, sollten Sie sich schon zwei bis drei Tage Zeit nehmen.

Gärten mit Blick aufs Meer: Jardí Botànic Marimurtra in Blanes

Die Tour beginnt in *Figueres (S. 35)* gleich mit einem Höhepunkt, dem Besuch des *Teatro Museo Dalí (S. 36)*. Von dem ehemaligen Stadttheater steht nur noch die klassizistische Fassade. Doch bereits die überdimensionalen Eier auf den Dachsimsen sowie ein alter Taucheranzug, der über dem Portal hängt und in dem Dalí bei einem Vortrag beinahe erstickt wäre, signalisieren die verrückte Welt des großen Künstlers. In der fast circensischen Sammlung des Meisters findet sich auch das berühmte Regentaxi: Gegen Einwurf einer Münze erleben die Zuschauer, wie im Inneren des Autos ein wahrer Wasserfall auf die als Fahrer und Fahrgäste ausstaffierten Puppen niedergeht. Dalí wurde im Teatro beigesetzt, doch sein unauffälliges Grab bleibt meist unbeachtet.

Ganz Figueres ist Dalí-Stadt; hier kam der Künstler als Sohn eines Notars zur Welt. Er erhielt den Vornamen seines älteren Bruders, der bereits vor der Geburt Dalís als Kleinkind gestorben war – eine entscheidende Prägung: Dalí fasste seinen Namen als Omen auf. In der Kirche *Sant Pere* wurde Dalí getauft, und auf der Festung *Castell*

Die Ruine Sant Pere de Rodes liegt in den Bergen über El Port de la Selva

de Sant Ferran absolvierte er seinen Militärdienst.

Zur Weiterfahrt an die Küste nehmen Sie die Schnellstraße N 260 nach *Llançà (S. 42)*, das Sie nach einer halben Stunde erreichen. Das hübsche Fischerdorf liegt traumhaft in einer Bucht mit wunderschönem Blick über das Meer und die Berge. Tipp fürs Mittagessen: *Can Manuel (S. 42)* mit frischen Fischgerichten.

Die nächste Station ist *El Port de la Selva (S. 43)*, ebenfalls ein überaus idyllisches Fischerdorf in einer Bucht, die das Meer fast wie einen See umschließt. Halten Sie eine Siesta am Strand, der mit der blauen Flagge für erstklassige Wasserqualität ausgezeichnet ist. Wenn die stärkste Sonnenglut vorüber ist, fahren Sie zum mittelalterlichen Kloster *Sant Pere de Rodes (S. 44)*. Die letzten 100 m müssen Sie zu Fuß gehen, doch die einmalige Aussicht entschädigt für die zumutbaren Mühen: Costa Brava pur.

In der Abendsonne fahren Sie die letzten 12 km durch die schroffe, großartige Bergwelt nach *Cadaqués (S. 31)*, der nächsten Kultstätte des »surrealistischen Dreiecks«. Dalí verbrachte hier als Kind seine Sommerferien und bezeichnete das charaktervolle Dorf später als »Magie des Unwägbaren«. Ein schöner Ort zum Übernachten ist das Hotel *Port Lligat (S. 35)* im gleichnamigen Fischerdorf. Für das Abendessen bieten sich die zahlreichen Restaurants von Cadaqués an. Zum Ausklang des Tages empfiehlt sich ein Bummel an der Meerpromenade, und zum Schluss gibt's vielleicht noch einen Absacker in der *Habana-Bar* oder im *L'Hostal (S. 34)*.

Am nächsten Morgen blicken Sie von der Hotelterrasse auf eine kleine Bucht mit Fischerbooten – und auf die Dacheier des Nachbaranwesens. Hier hat Dalí gewohnt, im Heimatort seines Vaters. Die ehemalige Fischerkate wurde nach und nach zu einem skurrilen Wohnhaus erweitert, das nun als Museum einen eindrucksvollen Einblick in den Lebensstil des Künstlers und seiner Frau Gala gewährt. Bevor Sie Port Lligat wieder verlassen, lohnt sich ein kleiner Abstecher in die wilde Felslandschaft des *Parc Natural del Cap de Creus (S. 35),* des östlichsten Punkts Spaniens.

Die nächsten 15 km auf einer kleinen Bergpiste führen zur stillen *Cala Montjoi* – ein kleiner Umweg, für den Gourmets auch lange Reisen unternehmen: Das Restaurant *El Bulli (S. 47)* des Meisters Ferran Adrià gilt als eines der besten Spaniens. Es folgt das Städtchen *Roses (S. 46),* das außer seinem langen Strand mit Promenade, einem sehenswerten Fischereihafen und einer verwilderten antiken Griechensiedlung kaum Attraktionen zu bieten hat.

Die Fahrt geht weiter nach *Castelló d'Empúries (S. 48)* mit der sehenswerten gotischen *Kathedrale Santa Maria.* Die Route zweigt nach Süden Richtung Sant Pere Pescador ab. Jetzt durchqueren Sie eine im Sommer hitzeflirrende Ebene, die Dalí als »die konkreteste und objektivste Landschaft der Welt« bezeichnete. In einem weltberühmten Bild hat er ihr ein Denkmal gesetzt: Taschenuhren, die in der Hitze dahinschmelzen. Es ist die Landschaft des *Parc Natural dels Aiguamolls de l'Empordà (S. 49),* eines der größten Sumpfgebiete im Mittelmeerraum, Brutheimat von zahlreichen Wasservögeln.

Von hier sind es nur noch wenige Kilometer zu den Ruinen von *Empúries (S. 40),* der größten griechisch-römischen Stadt Spaniens, deren Ursprünge auf das 6. Jh. v. Chr. zurückgehen. Der Rundgang dauert mindestens 1–2 Stunden. Ein (Sonnen-)Bad an einem der sauberen Strände von *L'Escala (S. 39)* beschließt die zweite Etappe dieser Tour. Hier können Sie auch zu Abend essen und übernachten, z. B. im Hotel *Nieves Mar (S. 40).*

Der dritte Tag beginnt mit der Fahrt nach *Torroella de Montgrí,* einem historischen Städtchen, und seinem »Satelliten« *L'Estartit (beide S. 57),* einem im Sommer überlaufenen Ferienort, dessen Strand jedoch einer der längsten und schönsten der Costa Brava ist. Es sei ein Ausflug mit einem »Aquarium-Boot« zum nahen Naturschutzgebiet der *Medes-Inseln (S. 59)* empfohlen: Durch den gläsernen Schiffsrumpf können Sie die Tier- und Pflanzenwelt beobachten – ein Taucherparadies. Nachtbummler können sich in der überlauten Touristenszene von L'Estartit vergnügen. Es geht zurück nach Torroella de Montgrí, dann weiter auf der C 255 Richtung Girona. Bei Serra de Daró führt ein Abstecher zur *Ciutat iberica d'Ullastret (S. 56),* einer antiken Iberersiedlung, deren Anfänge bis ins 6. Jh. v. Chr. zurückreichen.

Wieder auf der C 255, biegen Sie bei La Pera nach *Púbol* ab. Dort erwartet Sie der letzte magische Punkt des Dalí-Dreiecks: *Schloss Púbol (15. Juni–15. Sept. tgl. 10.30 bis 19.30 Uhr; 15. März–14. Juni und 16. Sept.–Okt. Di–Sa 10.30 bis 17.30 Uhr).* Dalí hatte diesen kleinen Palast seiner Frau Gala geschenkt. Als Gala 1982 in Port Lligat gestorben war, ließ der Maler sie auf dem Rücksitz eines Cadillacs nach Schloss Púbol bringen, wo sie in der Krypta beigesetzt wurde. Der Wagen steht in der Remise des Anwesens, der Zündschlüssel steckt noch. Dalí lebte noch einige Zeit im Palast, bis er bei einem Zimmerbrand schwer verletzt wurde und nach Figueres zog. Das Museum gewährt einen Einblick in das pompöse Leben der Diva Gala und ihres skurrilen Mannes, der u. a. Skulpturen wie die hochbeinigen Elefanten im Garten hinterließ.

Die Tour beschließen Sie mit einem Bummel durch *Girona (S. 70)* mit seinen zahlreichen historischen Stätten wie der Altstadt, der Kathedrale, den Arabischen Bädern *(Banys Arabs)* und dem Judenviertel. Wer katalanisch speisen will, findet hier gute Restaurants, z. B. das *Albereda (S. 72).* Zurück nach Figueres sind es nur 30 km.

2	**ENTLANG DER WILDEN KÜSTE**

Diese Tour führt zu den bekanntesten Orten der Region: durch eine atemberaubende Landschaft, vorbei an malerischen Buchten, aber auch durch die Sündenfälle der Touristikplaner – Ferienstädte in maßlosem Beton. Auch das gehört zur Costa Brava. Für diese Route genügt ein Tag, Sie können sich aber länger Zeit lassen. Länge der Route: ca. 100 km.

Ein Tipp gleich zu Beginn: Wegen der Blendung durch die Sonne empfiehlt es sich, die Strecke im Hochsommer in entgegengesetzter Richtung zu fahren.

Insider Tipp

Sie starten in *Torroella de Montgrí (S. 57, s. L'Estartit)* und fahren nach Süden Richtung Begur. Nach wenigen Kilometern erreichen Sie den ersten Haltepunkt: *Pals (S. 55),* mittelalterliches Dorf und lebendiges, bewohntes Museum. Kleiner Abstecher nach *Punta* an der Platja de Pals: mit langen Stränden und ruhigem Meer lädt der Ort zu einem Badestopp ein. Danach erreichen Sie in wenigen Minuten *Begur (S. 51)*, ein mittelalterliches Städtchen, dessen katalanisches Ambiente nach wie vor zu den schönsten der Costa Brava gehört.

Die Küstenstraße Richtung Süden führt an traumhaften Buchten und erstklassigen Hotels vorbei, z. B. an der Bucht von Aiguablava mit dem Hotel *Parador de Aiguablava (S. 53)*, das einen phantastischen Ausblick bietet. Über die Fischerorte *Tamariu, Llafranc* und *Calella de*

Klares Wasser und ein schönes Hotel: die Bucht von Aiguablava

Palafrugell (S. 61) kommen Sie in die kleine Industriestadt Palafrugell (S. 62) mit historischem Ortskern und einem sehenswerten Markt am Sonntagvormittag.

Nächstes Ziel ist der südlich gelegene Hafen- und Fischereiort Palamós (S. 60), dessen Altstadt trotz wachsender Urlaubsindustrie unbeschädigt geblieben ist. Die wunderbaren Ausblicke im weiteren Verlauf der Küstenstraße entschädigen für den Anblick von Touristensilos wie Platja d'Aro (S. 63), in denen weit nach Sonnenuntergang für junge Leute so richtig die Post abgeht. In Strandnähe übernachten können Sie beispielsweise im Hotel Planamar (S. 64).

Es folgt Sant Feliu de Guíxols (S. 64), ein wohltuender Kontrast zu Platja d'Aro. Der Ort nennt sich auch »Königin der Costa Brava«, nicht ganz zu Unrecht dank seines heiteren Ambientes, der gepflegten Strandpromenade wie an der Riviera und einer intakten Altstadt zum Bummeln. Ähnlich verhält es sich in Tossa de Mar (S. 76), das Sie nach dem schönsten Abschnitt der Küstenstraße erreichen. Unvergleichlich ist die mittelalterliche Stadt auf dem Hügel über der Bucht und der Neustadt. Hier fühlt man sich trotz des Urlaubergeschiebes in den engen Gassen wohl, ebenso am gepflegten Strand. Außerdem bietet Tossa de Mar gute Restaurants, Hotels und eine ansprechende Nachtszene.

Nach Tossa beginnt jener Costa-Brava-Abschnitt, den Ästheten einen Albtraum nennen, den junge Leute mit wenig Geld aber gern besuchen. Sie kommen nach Lloret de Mar (S. 73), der Hochburg des Massentourismus: ein traumhafter

Im Gotischen Viertel, dem bunten Zentrum von Barcelonas Altstadt

Strand – und dahinter endlose Hotelfassaden. Man könnte den Ort, der im Sommer an die hunderttausend Einwohner hat, getrost »Disko-City« nennen, denn hier wird die Nacht zum Tag gemacht. Eine Oase ist die weiße Kapelle Santa Cristina (S. 74), Ausgangspunkt einer Meeresprozession der Fischer.

Die letzte Station dieser Route ist Blanes (S. 69), eine Industriestadt, die zwar touristisch geprägt ist, deren Besuch sich aber trotzdem lohnt: wegen des Fischereihafens mit Fischauktion und wegen des botanischen Gartens, Jardí Botànic Marimurtra.

Von Blanes nach Barcelona (S. 26) sind es knapp 60 km – und die faszinierende Hauptstadt Kataloniens sollte man sich eigentlich nicht entgehen lassen.

Abschlag, Aufschlag, Wellenrauschen

Golf- und Tennisplätze finden sich ebenso zahlreich wie gute Segelreviere – und es gibt noch mehr zu erleben

Wassersportfans finden an der Costa Brava ihr Dorado. Die geschützten Buchten und Häfen, ausgestattet mit kompletter Infrastruktur, sind ideale Stützpunkte für Segler, Windsurfer und Taucher.

Aber auch Golfern und Wanderern bietet die Costa Brava gute Möglichkeiten, ihren Lieblingssport auszuüben. Und wer Tennis spielt, braucht nicht lange zu suchen: Jedes bessere Hotel verfügt über einen eigenen Platz.

BEACHVOLLEYBALL

Von Barcelonas Stränden bis nach L'Estartit – an der gesamten Costa Brava wird im Sommer der Ball über das Netz geschlagen. Meist tun sich einige Strandbesucher spontan zusammen, bilden Mannschaften und veranstalten regelrechte Turniere. Mitunter sponsern örtliche Geschäftsleute Volleyballturniere, deren Sieger mit kleinen Preisen rechnen können. Beachvolleyball ist leicht durchzuführen, weil an den meisten Stränden die Netze den ganzen Sommer über installiert sind. Und: Die Teilnahme ist in der Regel kostenlos.

GOLF

Besonders an der südlichen Costa Brava wurden in den letzten Jahren Golfplätze angelegt, die auch ganzjährig geöffnet sind und gern Gäste aufnehmen. Generelle Auskunft erteilt die *Federació Catalana de Golf, Carrer Aribau, 282, Barcelona, Tel. 934 14 52 62, Fax 932 02 25 40.*

Club de Golf Girona
Sant Julià de Ramis, Tel. 972 17 16 41, Fax 972 17 16 82, www. golfgirona.es

Club de Golf Costa Brava
Santa Cristina d'Aro, Platja d'Aro, Tel. 972 83 71 50, Fax 972 83 72 72, www.golfcostabrava.com

Peralada Golf Club
Peralada, Tel. 972 53 82 87, Fax 972 53 82 36, www.golfperalada. com

SEGELN

Nahezu jeder Küstenort hat eine Marina und einen Segelclub. Ein-

Im Sommer einfach toll: ein Segeltörn an der Costa Brava

heimische Segler sind in den *Clubs Nàutics* organisiert, die – meist zusammen mit Restaurants – direkt an den Häfen ihre Stationen haben und auch Gäste aufnehmen. Vor Ort erfährt man alles über Leihboote, private Veranstalter sowie Wetter- und Seebedingungen.

Nachstehend finden Sie eine Auswahl einiger Segelclubs:

Club Nàutic El Port de la Selva
Tel. 972 38 70 00, Fax 972 38 70 01, cnpselva@intercom.es

Club Nàutic L'Escala
Tel. 972 77 00 16, Fax 972 77 01 58, Nauticport@grn.es

Club Nàutic L'Estartit
Tel. 972 75 14 02, Fax 972 75 17 17, www.cnestartit.es

Club Nàutic Lloret de Mar
Cala Canyelles, Tel. 972 36 88 18

Club Nàutic Sant Feliu de Guíxols
Tel. 972 32 17 00, Fax 972 32 13 00, cnsfg@mx3.redestb.es

In Sant Feliu de Guíxols gibt es auch eine Segelschule:

Escola de Vela i Caiac Sant Pol
Platja de Sant Pol, Tel. 609 07 09 96 (mobil)

TAUCHEN

Die felsige Küste mit vielen nur vom Meer her zugänglichen Buchten ist ein beliebtes Tauchrevier. Das Wasser ist relativ klar und besonders im Sommer ruhig. Die meisten Tauchbasen schließen im Winter.

Die vor L'Estartit liegenden und unter Naturschutz stehenden Illes Medes gelten Tauchern wegen ihrer vielfältigen Unterwasserwelt als Juwel. Im Küstengebiet des Parc Natural del Cap de Creus ist das Tauchen mit Flasche nur in bestimmten Abschnitten erlaubt. Informationen dazu gibt es beim Büro für das Insel-Naturschutzgebiet Reserva Marina und in den Touristenbüros.

Insider Tipp

Allgemeine Informationen zum Thema Tauchen erhalten Sie bei folgenden Adressen:

Association of Sub Aqua Centres
Der Vereinigung sind 33 Tauchzentren angeschlossen. *Carrer Closa del Llop, 109, Apartado 178, L'Escala, Tel./Fax 972 77 00 66, www.costabrava.org/gulasub*

Reserva Marina de Illes Medes
Passeig Marítim, 16, L'Estartit, Tel. 972 75 11 03, Fax 972 75 16 06

TENNIS

Die großen und besseren Hotels haben einen hauseigenen Tennisplatz, dessen Benutzung im Übernachtungspreis inbegriffen ist. Eine Tennisschule gibt es in Sant Feliu de Guíxols:

Club Tennis Guíxols
Carretera A Sant Pol, s/n (Zona Esportiva de Mascanada), Tel./Fax 972 32 10 50

WANDERN

Die Costa Brava, ihr Hinterland und der südöstliche Pyrenäenab-

Leichte Wanderung mit Blick aufs Wasser bei Calella de Palafrugell

schnitt bieten Wandermöglichkeiten jeden Schwierigkeitsgrades. Zwei internationale Wanderwege durchkreuzen das Land: Der **Insider Tipp GR 11** beginnt im Naturpark Cap Creus und endet erst auf der anderen Seite der Halbinsel am Atlantik. Der GR 92 führt die Küste in Nord-Süd-Richtung entlang. Auch erfahrene Biker finden hier ihr Revier.

Daneben gibt es überall weniger aufwändige Wandermöglichkeiten. Informationen dazu liegen in den Touristenbüros vor Ort aus.

Centre Excursionista de Catalunya

Hier erhalten Sie allgemeine Informationen und viele Tipps. *Carrer Paradis, 10, Barcelona, Tel. 933 15 23 11, Fax 933 15 14 08*

Parc Natural del Cap de Creus

In der Naturparkzentrale gibt es viele Infos und vor allem hervorragendes **Kartenmaterial** zu den Wanderwegen im Park. *St. Pere de Rodes, Tel. 972 19 31 91, Fax 972 19 31 92, Juni–Sept. 10–14 und 16 bis 19 Uhr; Okt.–Mai 10–14 und 15–17.30 Uhr, www.parcsdecatalunya.net*

WINDSURFEN

🏃 Bei den einheimischen Windsurfern ist besonders die Bucht von El Port de la Selva beliebt. Auch am Strand von Sant Pere Pescador tummeln sich im Sommer Windsurfer aus allen Ländern. Dort gibt es die wohl bekannteste Windsurfschule der Küste (unter deutscher Leitung), bei der Sie auch Surfbretter ausleihen können:

Windstation Ones

Camping Aquariua, Sant Pere Pescador, Tel. 972 52 00 03, Fax 972 55 02 16

Coole Tipps für Wasserratten

Wasserparks mit Riesenrutschen begeistern alle, aber auch sonst gibt's an der Costa Brava keine Langeweile

Katalanen sind allgemein kinderfreundliche Menschen, an der Costa Brava sind die kleinen und jungen Gäste daher gern gesehen. Eltern sollten bedenken, dass ihre Schützlinge im großen Trubel der Touristenzentren oder im Großstadtgetriebe Barcelonas schnell einmal verloren gehen könnten. Deshalb ist es wichtig, dass auch die ganz Kleinen genau wissen, wo sie derzeit wohnen.

Für Jugendliche sind die vielen Diskos in Orten wie Lloret de Mar oder Platja d'Aro natürlich eine willkommene Art, auf eigene Faust die Nächte zum Tag zu machen. Die Kriminalität in diesen Orten ist zwar nicht größer als anderswo, doch sind, auch unter dem Einfluss einheimischer Jugendlicher, die das Terrain besser kennen, Verlockungen bezüglich Drogen gegeben.

BARCELONA

Insider Tipp

Aquarium [U E4]
Spannend für Kinder und Jugendliche: eines der interessantesten Aquarien Europas – mit den wichtigsten Seetieren und Pflanzen des Mittelmeers und einem untertunnelten Haifischbecken. *Mo–Sa 9.30 bis 21, So 9.30–21.30 Uhr, Eintritt 8,40 Euro, Moll d'Espanya (Maremagnum), www.aquariumbcn.com*

Ramblas [U D3–4]
Auf den Ramblas herrscht ein buntes Treiben verschiedener Schausteller. Da spielen lustige Marionetten Klavier, oder Clowns animieren Kinder zum Mitspielen. Das alles kostet nur ein paar Cents, und die Kinder haben ihre Freude daran.

ALT EMPORDÀ

Aquabrava Wasserpark [109 E5]
Riesenrutschen, Wildwasserbahnnen, Schwimmbecken, Kinderbecken und Restaurants – Kinder sind begeistert. *Juni–Mitte Sept. tgl. 10–19 Uhr, Eintritt 12 Euro, Kinder bis 1,20 m Größe 6 Euro, Roses, Carretera Cadaqués, Les Garrigues*

Butterfly Park [109 D5]
In Pavillons mit tropischen Temperaturen haben viele bunte und seltsame Schmetterlinge ihre Heimat. *Tgl. 10–18 Uhr, Eintritt 5 Euro, Empúriabrava, Straße nach Castelló*

Junger Sardanatänzer mit seiner typischen roten Mütze

Museu del Joguet in Figueres [108 B5]

In dieser eher historischen Schau können Kinder Spielzeuge aus allen Zeiten kennen lernen. *Mi–Mo 10 bis 13 und 15–19 Uhr, Eintritt 4 Euro, Figueres, Carretera de Sant Pere, 1*

Parc Natural dels Aiguamolls de l'Empordà [109 D5]

In diesem schönen Naturpark kann man von Beobachtungstürmen aus in aller Ruhe Wasservögel beobachten, und vor dem Parkhauptquartier ist es möglich, ein Picknick zu machen. *Tgl. 9.30–14 und 15.30 bis 18 Uhr, Eintritt frei, El Cortalet (südlich von Castelló d'Empúries), www.aiguamolls.org*

BAIX EMPORDÀ

Aquadiver Wasserpark [113 E3]

Viel Spaß gibt es hier für Kinder in Schwimmbecken und auf langen Rutschen. *Juni–Sept. tgl. 9–18 Uhr, Eintritt 15 Euro, Platja d'Aro, Carretera de Circumvallació, s/n*

Insider Tipp

Ausflug mit dem Latiner-Segelboot [113 F2]

Vereinzelt sieht man sie noch, die historischen Boote mit Latinerbesegelung. Die Latinertakelung hat eine jahrhundertealte Tradition. Dabei ist der Mastbaum mit dem Dreiecks-Großsegel am Mast angeschlagen und ragt nach achtern hinaus. Es gibt diesen Bootstyp heute noch als ägyptische Dau auf dem Nil. Es sind besonders im Küstenbereich gut manövrierbare Boote, die allerdings große Erfahrung in der Handhabung voraussetzen. In Palamós können große und kleine Kinder rund 3 Stunden lang mitsegeln.

Tgl. 10 und 16 Uhr, Fahrt 18 Euro, Kinder bis 5 Jahre frei, Reservierung nur über Tel. 650 29 75 28 (mobil)

Bootsausflug ab Sant Feliu de Guíxols [113 E3]

Bootsausflüge führen von St. Feliu de Guíxols aufs Meer. Es werden unterschiedliche Routen mit unterschiedlicher Fahrtdauer angeboten. *Juni–Mitte Okt., Fahrt ab 3 Euro, Crucetours, Passeig dels Guíxols, s/n, Infotel. 972 36 60 37*

Bootsausflüge ab L'Estartit [111 F3]

Eine Fahrt mit dem Tauchboot *Nautilus Illes Medes* ist ein Abenteuer für Kinder – wobei für sie das Erlebnis des Tauchens selbst interessanter sein dürfte als die nicht immer spektakuläre Unterwasserwelt. *Ganzjährig, Fahrt ca. 12 Euro, Passeig Marítim, 23, Tel. 972 75 14 89*

Das komfortable Schiff *Marina Princes* macht im Sommer Fahrten in See. *Tgl., Fahrt ca. 15 Euro, Passeig Marítim, 34, Tel. 972 75 06 43, www.marinaprinces.com*

Insider Tipp

Museu d'Història de la Joguina [113 E3]

Mehr als 2500 historische Spielsachen, von altem Blechspielzeug bis hin zu solchem aus Plastik, sind hier zu bestaunen. *Juli–Sept. tgl. 10–13 und 17–21 Uhr, Okt.–Juni Mo–Fr 10–13 und 16–19 Uhr, Eintritt 3 Euro, Kinder unter 10 Jahren frei, Sant Feliu de Guíxols, Rambla Vidal, 48–50, www.museudelajoguina.com*

Museu de la Nina [113 E3]

In diesem Museum werden Puppen aus vielen unterschiedlichen Mate-

Überall können Kinder Gleichaltrige treffen – hier am Hafen in Palamós

rialien gezeigt. *Mo–Fr 18–22, Sa/So 11–13 und 18–22 Uhr, Eintritt frei, Castell–Platja d'Aro, Plaça Lluis Companys, www.bemporda.ddgi.es*

Parc Animal de Sobrestany [111 E3]

Hier sind sowohl heimische Tiere als auch solche aus Übersee zu bestaunen. Es gibt einen Kinderspielplatz, ein Restaurant, eine Bar und ein Hostal. Außerdem können Kinder hier auch reiten. *Mo–Sa 9–18, So 9–13 Uhr, Eintritt 12 Euro, Torroella de Montgrí, Carretera L'Escala–Bellcaire*

Mit dem Turísticzug durch Sant Feliu de Guíxols [113 E3]

Viele Große haben keinen Spaß daran, einen größeren Ort zu erlaufen, kleine Kinder noch weniger. Viel Spaß macht ihnen dagegen die Fahrt mit dem *Carrilet Ganxó*, einem Bus, der wie ein Zug aussieht. Er bringt die Fahrgäste zu den Highlights der Stadt. *Fahrpreis 3,50 Euro, Auskunft über Abfahrtzeiten und Routen im Touristenbüro, Tel. 972 82 00 51*

GIRONA UND LA SELVA

Museu del Cine [110 A4]

So werden Filme gedreht! Besonders für Jugendliche ist dieses Museum interessant: Hier kann man u. a. gängiges Equipment sehen und bekommt eine Vorstellung davon, wie die Tricks am Set laufen. *Di–So 10–18 Uhr, Eintritt 3 Euro, Kinder 1,50 Euro, Girona, Carrer Sèquia, 1*

Water World [112 B5]

Riesenwasserpark mit einem »Wasserberg«, von dem es per Boot 250 m hinuntergeht! *Mai–Mitte Sept. tgl. 10–18 Uhr, Eintritt 13 Euro, Kinder bis 1,40 m Größe 8 Euro, Lloret de Mar, Carretera Vidreres (km 1,2)*

Angesagt!

**Was Sie wissen sollten über Trends,
die Szene und Kuriositäten an der Costa Brava**

Musik

Wenn auch bei vielen Jugend-
lichen Musiksender wie MTV angesagt sind, so gibt es doch eine
große Fraktion, die auf heimisches
Liedgut steht. Zwei der wichtigsten Interpreten sind seit Jahrzehnten Lluis Llach und Maria del Mar
Bonet. Lluis Llach, in Verges (Baix
Empordà) geboren, ist wie seine
aus Mallorca stammende Kollegin
Mitbegründer des Folk Catalá.
Beide kommen aus der Protestbe-
wegung gegen Franco. Sie verto-
nen Gedichte katalanischer Dich-
ter. In den sehr poetischen Texten
geht es um Liebe, Natur und
Melancholie. Beide singen nur
auf Katalanisch. Maria del Mar
Bonet gibt jedes Jahr Konzerte
in Barcelona.

Sport

Der populärste Sport der Katalanen dürfte Fußball sein. Und
wehe, der Barça, der legendäre
Fussballclub aus Barcelona,
verliert gegen Real Madrid! Dann
muss anderntags die Mannschaft
die Schmähungen der katalanischen Presse ertragen.

Mode

Nichts ändert sich so schnell wie
die Modetrends. Die jungen Katalanen sind jedenfalls immer dabei.
Sie haben den Vorteil, dass die
Trends setzende Stadt Barcelona
vor ihrer Haustür liegt und dort alles erhältlich ist: Schuhe von Cam-
per und Dockers, Sonnenbrillen
von Ray Ban und Outfits von Zara.

Ausgehen

Im Sommer sind die Küstenorte
mit ihren die ganze Nacht häm-
mernden Diskos angesagt. Tags-
über liegt man an den Stränden,
auch in Barcelona mit seinem
6 km langen Stadtstrand. Kino
und Theater sind enorm wichtig,
und selbst die großen Internetcafés von Barcelona, die mit
400 Plätzen 24 Stunden geöffnet
sind, laden als Treffpunkt ein.

Kurioses

Die Abschiedsfete vom Junggesel-
lendasein wird mit Freunden, jedoch ohne Braut/Bräutigam heftig
gefeiert. Die *despedidas* finden in
darauf spezialisierten Lokalen
statt. Es sind Spektakel, bei denen
es vor der Eheschließung noch
einmal eine Nacht lang rundgeht:
Tanz, Strip, Essen und Trinken.

Von Anreise bis Zoll

**Hier finden Sie kurz gefasst
die wichtigsten Adressen und Informationen
für Ihre Reise an die Costa Brava**

ANREISE

Flugzeug

Flugreisende landen auf dem Flughafen in Barcelona oder auf dem Bedarfsflughafen Girona, der von Charterlinien nur im Sommer angeflogen wird.

Linienflüge nach Barcelona gibt es für ca. 250 Euro, je nach Jahreszeit. Der Ferienflug nach Girona kostet um 220 Euro, je nach Veranstalter.

Bahn

Bahnreisen sind teurer und aufwändiger als Flüge. Von Deutschland aus kostet eine einfache Fahrt um 250 Euro, und man ist mindestens 15 Std. unterwegs. Ab Zürich gibt es im Sommer eine nächtliche Verbindung nach Barcelona, desgleichen von Paris.

Auto

Mit dem Auto erreicht man die Costa Brava über die A7. Die Autobahngebühren in Frankreich und Spanien sind hoch; wer Zeit hat, nutzt in Frankreich die gebührenfreien Nationalstraßen bzw. in Spanien die Autovías.

Es gibt Autozüge nach Narbonne, inkl. fünf Personen kostet die Reise ab deutschen Bahnhöfen etwa 880 Euro.

Bus

Die billigste Anreise bieten Linienbusse der Eurolines aus vielen europäischen Städten. Die 22-Std.-Fahrt von und bis Hamburg kostet etwa 200 Euro.

Von der Estación del Norte in Barcelona fahren Linienbusse in die Hauptorte der Costa Brava.

AUSKUNFT

Spanisches Fremdenverkehrsamt

– *Kurfürstendamm 63, 10707 Berlin, Tel. 030/882 65 43, Fax 882 66 61*
– *Grafenberger Allee 100, 40237 Düsseldorf, Tel. 0211/680 39 80, Fax 680 39 85*
– *Myliusstraße 14, 60323 Frankfurt/M., Tel. 069/72 50 33, Fax 72 53 13*
– *Postfach 151940, 80051 München, Tel. 089/53 01 58, Fax 532 86 80*
– *Walfischgasse 8–14, 1010 Wien, Tel. 01/512 95 80, Fax 512 95 81*
– *Seefeldstrasse 19, 8008 Zürich, Tel. 01/252 79 30, Fax 252 62 04*

AUTO

Die Höchstgeschwindigkeit beträgt in geschlossenen Ortschaften 50, auf Landstraßen 100, auf Autobahnen 120 km/h. Alkohol: Es gilt die 0,5-Promille-Grenze. Empfehlenswert sind die grüne Versicherungskarte, ein Auslandsschutzbrief und eine Vollkaskoversicherung.

Bei einem Verkehrsunfall sollten Sie sich zwei (wenn möglich spanische) Zeugen sichern und die eigene Haftpflichtversicherung sowie die spanische Korrespondenzgesellschaft verständigen. Unterschreiben Sie keine Schuldanerkenntnis! Bei Bagatellunfällen einigen Sie sich am besten mit dem Kontrahenten – das erspart langen Nervenkrieg. Rufen Sie bei schweren Karambolagen (Personenschäden) die Polizei!

Leihwagen sind ab rund 25 Euro pro Tag (Preisbeispiel für einen Kleinwagen) erhältlich.

BANKEN & GELDWECHSEL

Banken haben meist Mo–Fr 9–14 Uhr und Sa bis 12.30 Uhr geöffnet (gilt nicht für alle Institute).

Eurocheques werden nicht angenommen. Es gibt zahlreiche Geldautomaten.

BUS & BAHN

Gute Busverbindungen bestehen zwischen den größeren Orten der Costa Brava und vor allem nach Barcelona.

Eine gute Bahnverbindung gibt es zwischen Barcelona und Girona. Auskünfte erhalten Sie am örtlichen Bahnhof (Renfe).

CAMPING

Es gibt etwa 300 (offizielle) Plätze, unterteilt in vier Kategorien (Luxus, 1., 2. und 3. Klasse). Zufrieden stellende sanitäre Anlagen gehören

zum Angebot, oft auch Swimmingpools und Tennisplätze.

Den Campingführer »Guía Campings« gibt es kostenlos in fast allen örtlichen Touristenbüros an der Costa Brava. Eine vollständige Liste aller Campingplätze erhalten Sie bei den spanischen Fremdenverkehrsämtern. Einen guten Überblick bietet auch der ADAC-Camping-Führer.

DIPLOMATISCHE VERTRETUNGEN

Deutsches Konsulat
Passeig de Gràcia, 111, 08008 Barcelona, Tel. 932 92 10 00, Fax 932 92 10 02, Mo–Fr 9–12.30 Uhr

Österreichisches Konsulat
Mallorca, 214, 08008 Barcelona, Tel. 934 53 72 95, Fax 934 53 49 80, Mo–Fr 10–12 Uhr

Schweizerisches Konsulat
Gran Via Carlos III, 94, 08028 Barcelona, Tel. 933 30 92 11, Fax 934 90 65 98, Mo–Fr 9–12.30 Uhr

EINREISE

Innerhalb der Europäischen Union gibt es für Privatreisende keine Passkontrollen mehr. Für Bürger der EU sowie der Schweiz reicht zur Einreise der Personalausweis. Kinder unter 16 Jahren brauchen einen Kinderausweis oder die Eintragung im Pass der Eltern.

GESUNDHEIT

In den großen Ferienorten gibt es mehrsprachige *centros médicos*. Schnelle erste Hilfe können an vielen Stränden auch die Rote-Kreuz-

Stationen gewähren. Für kleinere Behandlungen wenden Sie sich am besten an die *practicantes* der nächsten *casa de socorro*. In jedem Fall weiß die nächste Polizeistation, wo ärztliche Hilfe *(médico)* zu finden ist. Touristen sollten sich in ihrem jeweiligen Herkunftsland einen Auslandskrankenschein besorgen oder eine Auslandskrankenversicherung abschließen.

Wichtig für deutsche Urlauber: Der *Notruf des ADAC*, der rund um die Uhr besetzt ist, vermittelt den nächsten deutschsprachigen Arzt: *Tel. 004989/22 22 22 (von Spanien aus)*.

INTERNET

Das Internet ist im Gebiet der Costa Brava weit verbreitet. Kaum eine Firma, ein Hotel oder ein Restaurant, die nicht am Netz wären.

Auch die vielen Internetcafés zeigen, dass die Benutzung dieses Mediums alltäglich geworden ist. Fünf Websites, die für Costa-Brava-Touristen interessant sind:

– *www.tourspain.es:* Die Website der spanischen Tourismusbehörde liefert Infos zu allen Regionen Spaniens.

– *www.costabrava.org:* Hier finden Sie Tipps und Infos vom Touristenbüro der Costa Brava.

– *www.barcelonaturisme.com:* Diese Website informiert über alles Wichtige zu Barcelona.

– *www.tujuca.com:* Die Homepage des katalanischen Jugendherbergsverbands enthält alle Infos zu den 41 in Katalonien bestehenden Jugendherbergen.

– *www.parcsdecatalunya.net:* Die Homepage der katalanischen Naturparkverwaltung bietet insbesondere

Infos zu den Parks Cap Creus und Aiguamolls de L'Empordà.

INTERNETCAFÉS

Fast jeder Touristenort an der Costa Brava hat ein Internetcafé. Das allein zeigt schon die Verbreitung des Mediums – es ist mehr als gängig. Manchmal gibt es in Bars Internetzugang über Automaten, 10 Minuten kosten etwa 80 Cent. Auch die öffentlichen Bibliotheken haben meist Internetanschluss, der gegen Gebühr benutzt werden kann. Nachfolgend finden Sie Internetadressen in ausgewählten Orten:

– Barcelona: *Easy Everything, La Rambla, 31, und Ronda Universitat, 35, mehr als 450 Plätze, 24 Stunden geöffnet, ab 1,25 Euro pro Stunde (je nach Tageszeit)*

– Begur: *Plaça d'Església, 10, Mo 16–20 Uhr; Di–So 10–13 und 16 bis 20 Uhr; 60 Cent für 10 Minuten*
– Cadaqués: *Im Kasino, tgl. 7–4 Uhr; 3,50 Euro pro Stunde*
– L'Estartit: *Im Touristenbüro, tgl. 9.30–14 und 16–20 Uhr; 60 Cent für 10 Minuten*
– Girona: *Carrer Carreras Peralta, 2, Mo–Sa 10–14 und 16–20.30 Uhr; 3 Euro pro Stunde*
– Palamós: *Passeig del Mar, 2, tgl. 11–13 und 17–22 Uhr; 3 Euro pro Stunde*
– Sant Feliu de Guíxols: *Carretera Girona, 24, Mo–Sa 10–13 und 17–20 Uhr; 3 Euro pro Stunde*
– Tossa de Mar: *Avinguda Sant Raimon de Penyafort, 11, tgl. 9–19 Uhr; 60 Cent für 10 Minuten*
– Lloret de Mar: *Carrer Sant Josep, 50, tgl. 10–22 Uhr; 3 Euro pro Stunde*

Wetter in Barcelona

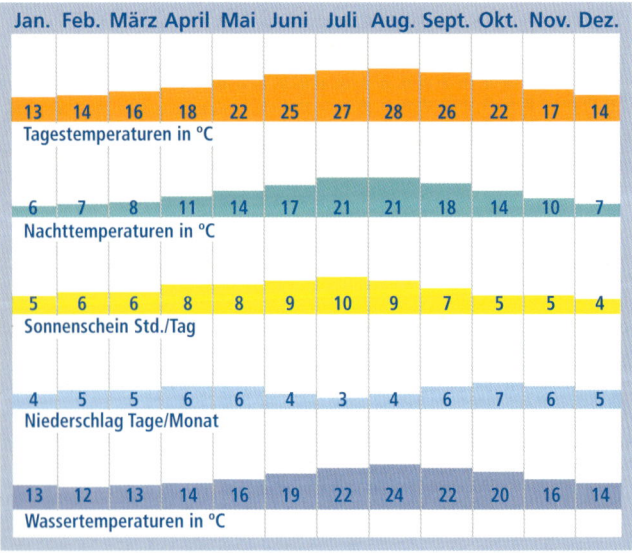

	Jan.	Feb.	März	April	Mai	Juni	Juli	Aug.	Sept.	Okt.	Nov.	Dez.
Tagestemperaturen in °C	13	14	16	18	22	25	27	28	26	22	17	14
Nachttemperaturen in °C	6	7	8	11	14	17	21	21	18	14	10	7
Sonnenschein Std./Tag	5	6	6	8	8	9	10	9	7	5	5	4
Niederschlag Tage/Monat	4	5	5	6	6	4	3	4	6	7	6	5
Wassertemperaturen in °C	13	12	13	14	16	19	22	24	22	20	16	14

JUGENDHERBERGEN

Im Reisegebiet Costa Brava gibt es fünf Jugendherbergen, davon drei in Barcelona. Ein Verzeichnis mit den Tarifen gibt es vom *Xarxa d'Albergs de Catalunya (Carrer Juli Garreta, 14, 17002 Girona, www.tujuca.com)*. Reservierungen werden unter folgenden Nummern angenommen: *Tel. 934 83 83 63, Fax 934 83 83 50.*

KLIMA

Von Juni bis September kann es an der Costa Brava sehr heiß sein. Mitunter klettern die Temperaturen auf weit über 30 Grad. Dennoch können die Abende und Nächte am Meer empfindlich kühl werden. Im April, Mai, Oktober und November sollte man bei Reisen an die Costa Brava keinesfalls den Regenschirm vergessen. Ansonsten ist das Klima in Katalonien mild.

LITERATUR

Brenan, Gerald: Das Gesicht Spaniens. Der Engländer hat jahrelang in Spanien gelebt und schildert das Leben, auch in Katalonien und auf Mallorca.
Goytisolo, Juan: Spanien und die Spanier. Der Katalane Goytisolo räumt auf mit Spanien-Klischees und erzählt, wie er sein Land sieht.
Loyer, Francois: Jugendstil in Katalonien. Von Gaudí bis Vilasecas, Pläne und viele Fotos zum katalanischen Jugendstil.
Orwell, George: Mein Katalonien. Bericht über den spanischen Bürgerkrieg, an dem Orwell auf Seiten der Internationalen Brigaden teilgenommen hat.

Was kostet wie viel?

Kaffee	**1 Euro**	für eine Tasse im Café
Tapas	**2–5 Euro**	für eine Portion
Wein	**90 Cent**	für ein Glas Wein
Wasser	**90 Cent**	für ein Glas Mineralwasser
Benzin	**ca. 90 Cent**	für 1 Liter Normalbenzin
Taxi	**90 Cent**	pro gefahrenem Kilometer

NOTRUF

Allgemeiner Notruf *Tel. 112*
Polizeinotruf *(Urgencia)*:
    Tel. 091 (Policía Nacional)
    Tel. 092 (Policía Municipal)

Bei Verkehrsunfällen können Sie auch die Nummer *062* wählen.

POST

Die Postämter *(Correos y Telégrafos)* sind im Allgemeinen Mo–Fr 9–13 und 16–18 Uhr, Sa 9–13 Uhr geöffnet.
Das Porto für Karten und Briefe (bis 20 g) innerhalb Europas beträgt 50 Cent, nach Übersee 75 Cent. Die Briefmarken *(sellos)* können Sie auch in Tabakläden kaufen. Die Briefkästen sind leuchtend gelb.
In den Postämtern können Sie für gewöhnlich Telegramme und Faxe aufgeben, aber keine Telefongespräche führen.

PREISE & WÄHRUNG

In den Touristenzentren der Küste liegen die Preise höher als in den nicht so stark von Touristen frequentierten Orten des Hinterlandes. Im Winter werden fast überall die Übernachtungspreise gesenkt, außer um Weihnachten, Neujahr und Ostern. Viele Restaurants, Hotels und Geschäfte akzeptieren die gängigen Kreditkarten (am häufigsten gebräuchlich: Visa).

STROM

Die Netzspannung beträgt 220 Volt (Wechselstrom). Für Elektrogeräte mit Sicherheitsstecker empfiehlt sich ein Zwischenstecker.

TAXI

Am grünen Licht oder der Aufschrift *libre* erkennen Sie, ob das Taxi frei ist. Man sollte vor Antritt der Fahrt den Fahrer nach dem Preis fragen (»Cuanto es la tarifa a ...«), auch wenn das Fahrzeug einen Gebührenzähler hat.

Bei Beschwerden sollte man die Lizenznummer notieren und dem nächsten Touristenbüro den Fall schildern.

TELEFON & HANDY

Die öffentlichen Telefonzellen werden nach und nach auf Karten umgestellt. Diese gibt es in den Postämtern oder in Zeitungskiosken für etwa 6 und 12 Euro.

Vorwahl für Deutschland 0049, für die Schweiz 0041, für Österreich 0041, für Spanien 0034. Innerhalb Spaniens gibt es keine Vorwahlen.

Das Handy wird in Spanien *móvil* genannt. Bei ankommenden Gesprächen auf nicht spanischen Handys kassiert die noch immer marktbeherrschende Telefónica mit, und zwar bis zu 50 Cent pro Minute.

TRINKGELD

Je nach Zufriedenheit mit dem Service im Restaurant oder Hotel, mit dem Platzanweiser, Taxifahrer oder Fremdenführer geben Sie zwischen 5 und 10 Prozent.

ZEITUNGEN

Die großen Blätter aus dem übrigen Europa kommen oft schon am Abend des Erscheinungstages in die größeren Urlaubsorte der Costa Brava. Wer Spanisch lesen kann, wählt am besten »El País«, die große, überregionale Tageszeitung mit Katalonienteil, oder die katalanische »La Vanguardia«.

ZOLL

Innerhalb der EU dürfen alle Waren für den persönlichen Bedarf frei ein- und ausgeführt werden. Ab folgenden Mengen wird eine gewerbliche Verwendung angenommen: 800 Zigaretten, 400 Zigarillos, 200 Zigarren, 1 kg Rauchtabak, 10 l Spirituosen, 20 l Likör, 90 l Wein (davon höchstens 60 l Schaumwein), 110 l Bier.

Freimengen in die Schweiz: Persönliche Gebrauchsgegenstände, 200 Zigaretten oder 50 Zigarren oder 250 g Tabak, 1 l Alkohol über und 2 l Alkohol unter 15 Prozent, andere Waren zu Geschenkzwecken bis zu einem Gesamtwert von 100 Franken.

Parles català?

»Sprichst du Katalanisch?«
Dieser Sprachführer hilft Ihnen, die wichtigsten
Wörter und Sätze auf Katalanisch zu sagen

Hinweise zur Aussprache:

c	wie »s« vor »e«, »i« (z. B. Barcelona); wie »k« vor »a«, »o« und »u« (z. B. Casa)
ç	wird als »s« gesprochen (z. B. França)
g	wie in »Genie« vor »e«, »i«; wie »g« vor »a«, »o« und »u«
l·l	wird als »l« gesprochen
ny	wie das »gn« in »Champagner« (z. B. Catalunya)
que/qui	das »u« ist immer stumm, wie deutsches »k« (z. B. perquè)
v	am Wortanfang und nach Konsonant wie »b« (z. B. València)
x	wird gesprochen wie das deutsche »sch« (z. B. Xina)

AUF EINEN BLICK

Ja./Nein./Vielleicht.	Sí./No./Potser.
Bitte./Danke.	Sisplau./Gràcies.
Entschuldigen Sie!	Perdoni.
Entschuldige!-	Perdona.
Wie bitte?	*(Sie)* Com diu?/*(du)* Com dius?
Ich verstehe Sie/dich nicht.	No l'entenc./No t'entenc.
Ich spreche nur wenig Katalanisch.	Parlo només una mica de català.
Sprechen Sie Deutsch/Englisch?	Parla alemany/anglès?
Können Sie mir bitte helfen?	Pot ajudar-me, sisplau?
Ich möchte …	Voldria…
Haben Sie …?	Té…?
Wie viel kostet es?	Quant val?
Wie viel Uhr ist es?	Quina hora és?

KENNENLERNEN

Guten Morgen!	Bon dia!
Guten Tag!	Bon dia! (Bona tarda.)
Guten Abend!	Bona nit!

Hallo!/Grüß dich!	Hola, què hi ha?
Wie geht es Ihnen/dir?	Com va?
Danke. Und Ihnen/dir?	Gràcies, i vostè? / i tu?
Auf Wiedersehen!	Adéu. Passi-ho bé.
Tschüss!	Adéu!

Auskunft

links/rechts	a l'esquerra/a la dreta
geradeaus	tot recte
nah/weit	a prop/lluny
Bitte, wo ist …?	Sisplau, on és…?
Wie weit ist das?	És molt lluny això?
Gibt es öffentliche Verkehrsmittel dorthin?	S'hi pot anar amb mitjans de transport públic?
Wie komme ich dorthin?	Com s'hi va?
Zum Hotel, bitte.	A l'hotel, sisplau.
Zum Bahnhof.	A l'estació.
Zum Flughafen.	A l'aeroport.
Ich möchte … mieten.	Voldria llogar …
… ein Auto …	… un cotxe.
… ein Fahrrad …	… una bicicleta.
… ein Motorrad …	… una moto.

Panne

Ich habe eine Panne.	Tinc una avaria.
Würden Sie mir bitte einen Abschleppwagen schicken?	Poden enviar-me sisplau una grua?
Gibt es hier in der Nähe eine Werkstatt?	Hi ha per aquí a prop un taller?

Tankstelle

Wo ist bitte die nächste Tankstelle?	On és la gasolinera més propera, sisplau?
Ich möchte … Liter …	Voldria … litres de …
… Normalbenzin.	… Gasolina normal.
… Super.	… Súper.
… Diesel.	… Diesel.
… bleifrei / mit Blei.	… sense plom / … amb plom.
Voll tanken, bitte.	Ple, sisplau.

Unfall

Hilfe!	Ajuda!
Achtung!	Compte!
Rufen Sie bitte schnell …	Truqui sisplau de pressa …
… einen Krankenwagen.	… a una ambulància.

… die Polizei.	… a la policia.
… die Feuerwehr.	… als bombers.
Haben Sie Verbandszeug?	Té benes?
Es war meine Schuld.	Ha estat culpa meva.
Es war Ihre Schuld.	Ha estat culpa seva.
Geben Sie mir bitte Ihren Namen und Ihre Anschrift!	Pot donar-me el seu nom i la seva adreça, sisplau!

ESSEN/UNTERHALTUNG

Wo gibt es hier …	On hi ha per aquí a prop …
… ein gutes Restaurant?	… un bon restaurant?
… ein nicht zu teures Restaurant?	… un restaurant no massa car?
… ein typisches Restaurant?	… un restaurant típic?
Gibt es hier eine gemütliche Kneipe?	Hi ha per aquí a prop algun bar bonic?
Reservieren Sie uns bitte für heute Abend einen Tisch für vier Personen.	Reservi sisplau per avui al vespre una taula per a quatre persones.
Könnte ich bitte … haben?	Podria portar-me …
… ein Messer …	… un ganivet?
… eine Gabel …	… una forquilla?
… einen Löffel …	… una cullera?
Auf Ihr Wohl!	Salut.
Bezahlen, bitte.	El compte, sisplau.
Bitte alles zusammen.	Cobri-ho tot junt, sisplau.
Getrennte Rechnungen, bitte.	Per separat, sisplau.
Hat es geschmeckt?	Els ha agradat?
Das Essen war ausgezeichnet.	El menjar era excel·lent.

EINKAUFEN

Wo finde ich …	On hi ha …
… eine Apotheke?	… una farmàcia?
… eine Bäckerei?	… un forn?
… ein Fotogeschäft?	… una botiga de fotos?
… ein Einkaufszentrum?	… un supermercat?
… ein Lebensmittelgeschäft?	… una botiga de queviures?
… einen Markt?	… un mercat?

ÜBERNACHTUNG

Können Sie mir bitte … empfehlen?	Em pot recomanar …, sisplau?
… ein gutes Hotel …	… un bon hotel
… eine Pension …	… una pensió

Haben Sie noch …	Tenen encara …
… ein Einzelzimmer?	… una habitació senzilla?
… ein Zweibettzimmer?	… una habitació doble?
… mit Bad?	… amb bany?
… für eine Nacht?	… per una nit?
… für eine Woche?	… per una setmana?

PRAKTISCHE INFORMATIONEN

Arzt

Können Sie mir einen guten Arzt empfehlen?	Em pot recomanar un bon metge?
Ich habe hier Schmerzen.	Em fa mal aquí.
Ich habe …	Tinc …
… Durchfall.	… diarrea.
… Fieber.	… febre.
… Husten.	… tos.

Post

Was kostet …	Quant val …
… ein Brief …	… una carta …
… eine Postkarte …	… una postal …
… nach Deutschland?	… a Alemanya?
Eine Briefmarke, bitte.	Un segell, sisplau.

ZAHLEN

0	zero	20	vint
1	un/una	21	vint-i-u/vint-i-una
2	dos/dues	22	vint-i-dos/vint-i-dues
3	tres	30	trenta
4	quatre	40	quaranta
5	cinc	50	cinquanta
6	sis	60	seixanta
7	set	70	setanta
8	vuit	80	vuitanta
9	nou	90	noranta
10	deu	100	cent
11	onze	200	dos-cents/dues-centes
12	dotze	1 000	mil
13	tretze	2 000	dos mil/dues mil
14	catorze	10 000	deu mil
15	quinze	1000 000	un milió
16	setze		
17	disset	1/2	mig
18	divuit	1/3	un terç
19	dinou	1/4	un quart

Reiseatlas
Costa Brava

Die Seiteneinteilung für den Reiseatlas finden Sie auf dem hinteren Umschlag dieses Reiseführers

Mit freundlicher Unterstützung von

kein urlaub ohne
holiday
autos

www.holidayautos.com

total relaxed in den urlaub: einsteiger-übung

1. lehnen sie sich entspannt zurück und gleiten sie in gedanken zu den cleveren angeboten von holiday autos. stellen sie sich vor, als weltgrösster vermittler von ferienmietwagen bietet ihnen holiday autos

   - mietwagen in über 80 urlaubsländern
   - zu äusserst attraktiven preisen

2. vergessen sie jetzt die üblichen zuschläge und überraschungen. dank

   - alles inklusive tarife
   - wegfall der selbstbeteiligung
   - und min. 1,5 mio € haftpflichtdeckungssumme (usa: 1,1 mio €)

   steht ihr endpreis bei holiday autos von anfang an fest.

3. nehmen sie ganz ruhig den hörer, wählen sie die telefonnummer **0180 5 17 91 91** (12cent/min), surfen sie zu **www.holidayautos.com** oder fragen sie in ihrem reisebüro nach den topangeboten von holiday autos!

kein urlaub ohne

holiday autos

KARTENLEGENDE REISEATLAS

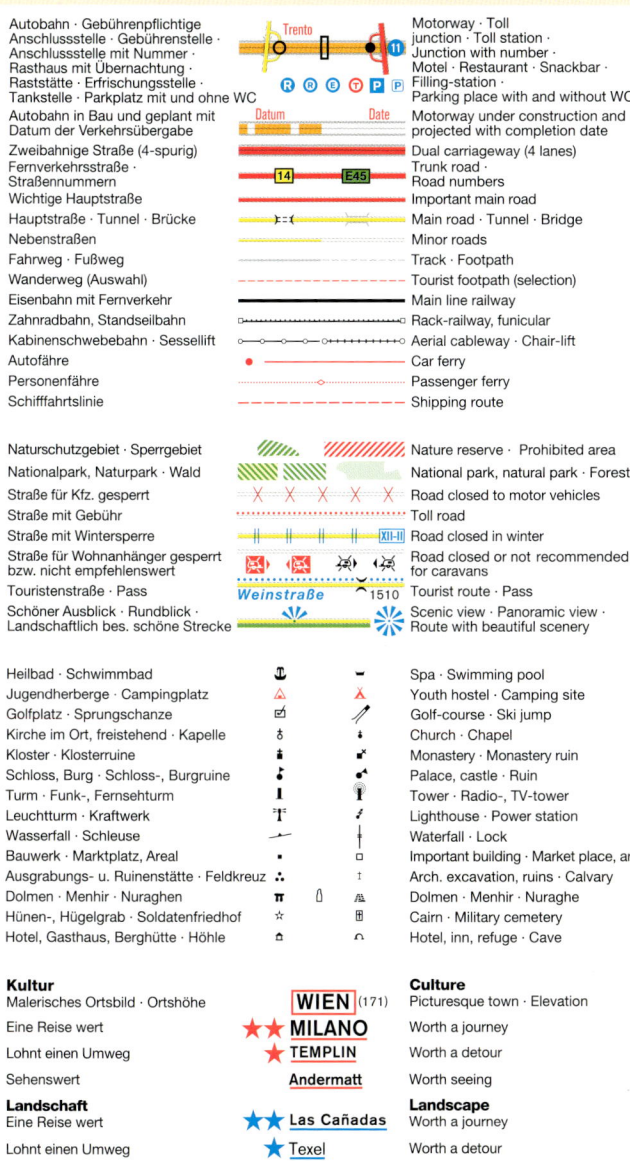

Autobahn · Gebührenpflichtige Anschlussstelle · Gebührenstelle · Anschlussstelle mit Nummer · Rasthaus mit Übernachtung · Raststätte · Erfrischungsstelle · Tankstelle · Parkplatz mit und ohne WC		Motorway · Toll junction · Toll station · Junction with number · Motel · Restaurant · Snackbar · Filling-station · Parking place with and without WC
Autobahn in Bau und geplant mit Datum der Verkehrsübergabe	Datum · Date	Motorway under construction and projected with completion date
Zweibahnige Straße (4-spurig)		Dual carriageway (4 lanes)
Fernverkehrsstraße · Straßennummern	14 · E45	Trunk road · Road numbers
Wichtige Hauptstraße		Important main road
Hauptstraße · Tunnel · Brücke		Main road · Tunnel · Bridge
Nebenstraßen		Minor roads
Fahrweg · Fußweg		Track · Footpath
Wanderweg (Auswahl)		Tourist footpath (selection)
Eisenbahn mit Fernverkehr		Main line railway
Zahnradbahn, Standseilbahn		Rack-railway, funicular
Kabinenschwebebahn · Sessellift		Aerial cableway · Chair-lift
Autofähre		Car ferry
Personenfähre		Passenger ferry
Schifffahrtslinie		Shipping route

Naturschutzgebiet · Sperrgebiet		Nature reserve · Prohibited area
Nationalpark, Naturpark · Wald		National park, natural park · Forest
Straße für Kfz. gesperrt		Road closed to motor vehicles
Straße mit Gebühr		Toll road
Straße mit Wintersperre	XII-II	Road closed in winter
Straße für Wohnanhänger gesperrt bzw. nicht empfehlenswert		Road closed or not recommended for caravans
Touristenstraße · Pass	Weinstraße · 1510	Tourist route · Pass
Schöner Ausblick · Rundblick · Landschaftlich bes. schöne Strecke		Scenic view · Panoramic view · Route with beautiful scenery

Heilbad · Schwimmbad		Spa · Swimming pool
Jugendherberge · Campingplatz		Youth hostel · Camping site
Golfplatz · Sprungschanze		Golf-course · Ski jump
Kirche im Ort, freistehend · Kapelle		Church · Chapel
Kloster · Klosterruine		Monastery · Monastery ruin
Schloss, Burg · Schloss-, Burgruine		Palace, castle · Ruin
Turm · Funk-, Fernsehturm		Tower · Radio-, TV-tower
Leuchtturm · Kraftwerk		Lighthouse · Power station
Wasserfall · Schleuse		Waterfall · Lock
Bauwerk · Marktplatz, Areal		Important building · Market place, area
Ausgrabungs- u. Ruinenstätte · Feldkreuz		Arch. excavation, ruins · Calvary
Dolmen · Menhir · Nuraghen		Dolmen · Menhir · Nuraghe
Hünen-, Hügelgrab · Soldatenfriedhof		Cairn · Military cemetery
Hotel, Gasthaus, Berghütte · Höhle		Hotel, inn, refuge · Cave

Kultur / **Culture**

Malerisches Ortsbild · Ortshöhe	WIEN (171)	Picturesque town · Elevation
Eine Reise wert	★★ MILANO	Worth a journey
Lohnt einen Umweg	★ TEMPLIN	Worth a detour
Sehenswert	Andermatt	Worth seeing

Landschaft / **Landscape**

Eine Reise wert	★★ Las Cañadas	Worth a journey
Lohnt einen Umweg	★ Texel	Worth a detour
Sehenswert	Dikti	Worth seeing

Ausflüge & Touren / **Excursions & tours**

Cap d'Ullestrell
▲125 Cap Castell
Banyuls-sur-Mer
43 Cap l'Abeille
la Rhona
Puig
d'el Mas
180
Col de
Séris
Cap Rederis
Côte Vermeille
Réserve Naturelle Marine
Cap Peyrefite
Anse de Terrambou
505
Mas de Mingou
Cerbère
Cap Cerbère
Col des Balistres
Coll dels Belitres
170 207
Portbou
(30)
Cala de las Ratas
556
Cap Marcer

MAR
MEDITERRÀNIA

N 260
Colera
Port de Colera
Cap Llardó
Garbet
67
st de Molinàs
Badia de Cap Ras
Cap Ras
Grifeu
Hostal Griféu
Badia Llança
Isla Castella
El Port de Llançà
Setcases
Llançà
197
Punta s'Arenella
La Valleta
327
430
168
La Vall
de Santa Creu
El Golfet
El Port
de la Selva
Cap Gros
Punta dels Farallons
La Galera
95
Puig
de Cala Sardina
Punta
de Cala Sardina
Illa de Portaló
Illa de Cullaró
S'Encalladora
8
Dolmen del Mas
de la Mata
Sant Pere
de Rodes
La Selva
de Mar
Sant Baldiri
82
Cap de Creus
Castell de
Sant Salvador
lajuïga
243
Puig Alt Gran
Cala Bona
Punta d'en Codera
Pau
El Mas Isaac
Ermita
de Sant
Onofre
Serra de Rodes
Castell de
Butalaranya
Perafita
433
GI 614
Cala Portlligat
Illa de Portlligat
Portlligat
Punta de s'Oliguera
Palau-saverdera
GI 610
El Mas Fumats
Cadaqués (23)
4
S'Arenella
Vilaüt
2.5
El Mas
Bosca
3,5
El Peni
695
463
Sant Sebastià
Badia de Cadaqués
Rec Madral
Aigua Brava
La Garriga
El Mas Mates
El Mas Oliva
Santa Maria
La Citadella
Gruta
el Masnou
Santa
Margarida
Roses
Cap de Creus
Cala Nans
Punta de sa Figuera
Margarida
Mas
Chalet
Platja Sta
Margarida
Puig Rom
226
Castell de la
Poncella
Montjoi
Cala Jòncols
gmal
Far de
Roses
Parc
Badia de Roses
Torre de los
Sastres
Cala Montjoi
Cap de Norfeu
Cavall Bernat
Empuriabrava
Natural
Platja de
Canyelles Petites
Platja de
Canyelles Grosses
Cala Murtra
Cap Trencat
Punta Falconera

Aiguamolls
Golf

de

de l'Empordà
Roses
Pere
cador
Mas Sopes
La Llosa
mentera

3km

109   111

109

G o l f
d e
R o s e s

3km

Sant Pere
Pescador
Santa Maria
Vilamacolum
roella
Fluvià
Mas Sopes
La Llona
L'Armentera
Saldet
Montiró
Pelacalc
25
Viladamat
Cinclaus
Museu
Necròpolis
GI 623
Les Corts
La Creu
d'Albons
Riells
Sant Grau
d'Albons
176
el Valdàvia
Garrigoles
Platja de Sant Pere Pescador
Platja de les Dunes
Sant Martí d'Empúries
Ruïnes
d'Empúries ★ ★
L'ESCALA
(23)
Cala Riells
Punta del Bol Roig
Torre de Montgó
Cala de Montgó
105

Cap del Castell
Gruta de la Foradada
146

Talladà
Empordà
C 31
Tor
Bellcaire
d'Empordà
Església
Castell
Sobrestany

Cap d'Oltrera
GR-92
L'Estartit
Las Coves
Cap de la Barra
El Ter Vell
Els Griells
Illes Medes 3

aranyà
2,5
Verges
Mas Duran
M o n t g r i
La Torre
Vella
Santa Caterina
Castell
de Montgrí
308
Ullà
La Torre
Gran
Canet de
la Tallada
Fonolleres
Serra
de Daró
Llabià 92
3,5
Palau del
Robert
Torroella
de Montgrí
(32)
C 31
2
El Ter
Cala del Ter
Cal Bonic
6,5
El Mas Pinell
4,5
Mas Pla
25
Basses d'en Coll
Platja de Pals
Sant Iscle
d'Empordà
Gualta
Fontanilles
Ciutat ibèrica
d'Ullastret
Museu
Riera Nova
Mas
Gelabert
Ullastret
Palau-sator
Fontclara
Els Masos
de Pals
Palsmar
Cala sa Riera
Castell
d'Empordà
Castell
d'Empordà
Peratallada
Sant Julià
de Boada
Torre de
les Hores
Sant Fructuós
Sa Punta
El Mas
Cap des Forn
Hotel Cap sa Sal
isbal
ordà
Palau-
episcopal
Canapost
Sant Feliu
de Boada
Can Florenci
Pals
224
Catalonia
Torre
de Talaià
Cap sa Sal
Cala Aiguafreda
Cala sa Tuna
Vulpellac
Fonteta
Santa Susanna
de Peralta
C 66
Torrent
Torrentí
3,5
Regencós
Begur
322
Sa Tuna
Semàforo
Cap de
Begur
El Convent
Sant Climent
de Peralta
Sant Pol
Can Rauric
GR-92
La Barceloneta
Llofriu
Riera de Salt se seugues
Esclanyà
Paratge de
Aiguablava
Aiguablava
Cala Fornells
Fornells de Mar
Cova d'en Gispert
Cova del Bisbe
Aigua-xelilla
Puig Gros
305
Morena
Palafrugell
(87)
Sant Martí
Tamariu
Cala de Tamariu
Santa
Llúcia
Coll de
la Ganga
Santa Coloma
de Fitor
Mont-ras
Sorrell
2
4,5
Llafranc
Ermita de Sant Sebastià
Cap de
Sant Sebastià
Llafranc
Sant Cebrià
dels Alls
Puig Cargol
362
El Mas
Flaquet
Montfina
Ermedàs
Jardines
Cap Roig
Calella
de Palafrugell
Vall-llobrega
Mas
Blanquet
Sant Nazari
Riufred
Calonge
(37)
Sant Joa
de Palam
Mas Juní
111
113
Platja del Castell
Cala s'Alguer
La Fosca

G

D

E

F

Can Font
de Muntanya
Can Rauric
Sant Pol
Sant Martí
Puig Gros
305
Palafrugell
Xupí
Sant Cebrià
de Lledó
Santa
Llúcia
Dolmen
del Llobinar
Mont-ras
Sorrell
Ermedàs
Santa Coloma
de Fitor
Can Garneu
Coll de
la Ganga
2,5
El Mas
Flaquet
Calella
de Palafrugell
Montfina
Puig d'Arques
535
Sant Cebrià
dels Alls
Puig Cargol
362
Vall-llobrega
Can Llac
Mas
Blanquet
Sant Nazari
Mas Junì
Platja del
Castell
Puig Aldric
431
Dolmen de
la Cova d'en Daina
Riufred
Calonge
(37)
Sant Joan
de Palamós
Cala s'Alguer
Platja de la Fosca
La Fosca
Miquel d'Aro
3,5
Cabanyes
Sant Antoni
de Calonge
Cap Gros
Palamós
Santa Maria
Romanyà
de la Selva
El Mas
Vila
Torre Valentina
Platja de Roig
(14)
Bell-lloc
Sant Ampèlit
414
El Mas Ros
30
El Mas Vila
La Roca
de Malvet
Les Teules
El Masnou
C 31
Hotel Sant Jordi
Santa Maria
de Solius
Sta. Cristina
d'Aro
Aquadivert
La Grota
Castell
d'Aro
Platja d'Aro
Platja d'Aro
Solius
Torre
Punta Prima
El Romà
Cala de sa Conca
El Vilar
Mas Trempat
Sant Josep
Bufaganyes
C 65
s'Agaró ★ ★
Platja Sant Pol
Montclar
417
Pedralta
Sant Amanç
Sant Pol
SANT FELIU DE GUIXOLS
Sant Baldiri
Puig de Cols
417
Menhir
del Terma Gros
Sant Telm
Sant Elm
2
GI 682
(4)
Punta Brava
S'Estufador de Garbi
Sant Grau
Canyet
Punta del Romeguer
Platja de Canyet
Cala de Salionç
Salionç
Cap Pentiner
Cala de Giverola
Cala Pola
Cala Bona
Tossa de Mar ★ ★
Vila Vella
(60)
Cap de Tossa
de sa Boquera
orell

MAR

MEDITERRÀNIA

3km

Girona / Gerona

Parc Municipal de la Devesa

Passeig de la Devesa

Carrer Figuerola

Carrer Bonastruc de Porta

Riu Onyar

Pl. S. Feliu

Sant Feliu

Plaça St. Pere

Sant Nicolau

Sant Pere de Galligants

Plaça Jurats

Banys Àrabs

Casa Pastors

Catedral

Museu d'Història

Museu d'Art

C. Alemanys

Plaça St. Domènec

Plaça Independèncla

C. Anselm Clavé

Pl. Jordi de St. Jordi

C. Hortes

Jaume 1er

C. de Ballesteries

C. de la Força

Carrer Santa Clara

Sant Domènec Universitat

Passeig fora Muralla

Museu del Cinema

Carrer de l'Obra

Plaça Josep Pla

C. Cristòfol Grober

Palau Agullana

Rbla. de la Llibertat

Pl. St. Josep

Carrer Ciutadans

Carrer de Sant Josep

Sant Josep

Carrer Nou

Plaça Marquès de Camps

Via Avd. Sant Francesc

Carrer Nou

Pont de Pedra

Plaça Catalunya

Ajuntament

Teatre Municipal

Portal

Gran Via de Jaume 1er

Plaça Hospital

Plaça Pompeu Fabra

Carrer fora Muralla

Centre Cultural la Mercé

Ronda S. Antoni

Pl. Sibil·la de Fortià

Carrer de Joan Maragall

P. G. al Mendoza

Plaça G. al Marvà

Passeig fora Muralla

Jardins de les Pedreres

Carrer del Sol

Mercat

Carrer Carme

P.t Sant Francesc

Bisbe Lorenzana

C. Ultònia

Girona
Gerona
100 m

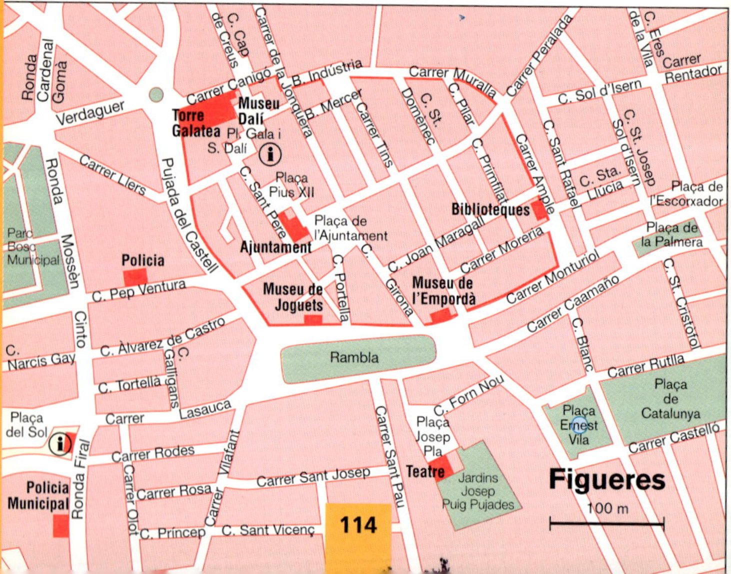

Figueres

Ronda Cardenal Gomà

Ronda

Mossèn Cinto

Carrer de Creus

de Cap

Carrer Canigó

Carrer de la Jonquera

B. Indústria

B. Mercer

Carrer Muralla

Carrer Peralada

C. Eres de la Vila

Carrer Rentador

Verdaguer

Carrer Llers

Pujada del Castell

Torre Galatea

Museu Dalí

Pl. Gala i S. Dalí

C. de Sant Pere

C. St. Domènec

C. Pilar

Carrer Tints

C. Primitiva

Carrer Ample

C. Sant Rafael

C. St. Josep

C. Sta. Llúcia

Plaça de l'Escorxador

Plaça Pius XII

Plaça de l'Ajuntament

Biblioteques

Carrer Morería

Plaça de la Palmera

Policia

C. Pep Ventura

Ajuntament

Museu de Joguets

C. Portella

Carrer Girona

Museu de l'Empordà

Carrer de Joan Maragall

Carrer Monturiol

C. St. Cristòfol

Parc Bosc Municipal

C. Narcís Gay

C. Àlvarez de Castro

C. Galligants

Carrer Lasauca

Rambla

C. Forn Nou

C. Blanc

Carrer Caamaño

Carrer Butlla

Plaça de Catalunya

Plaça del Sol

C. Tortellà

Carrer Fira!

Ronda Firal

Carrer Rodes

Carrer Rosa

Carrer Tilafant

Carrer Sant Josep

Carrer Sant Pau

Plaça Josep Pla

Teatre

Jardins Josep Puig Pujades

Plaça Ernest Vila

Policia Municipal

C. Príncep

C. Sant Vicenç

Carrer Olot

Figueres
100 m

114

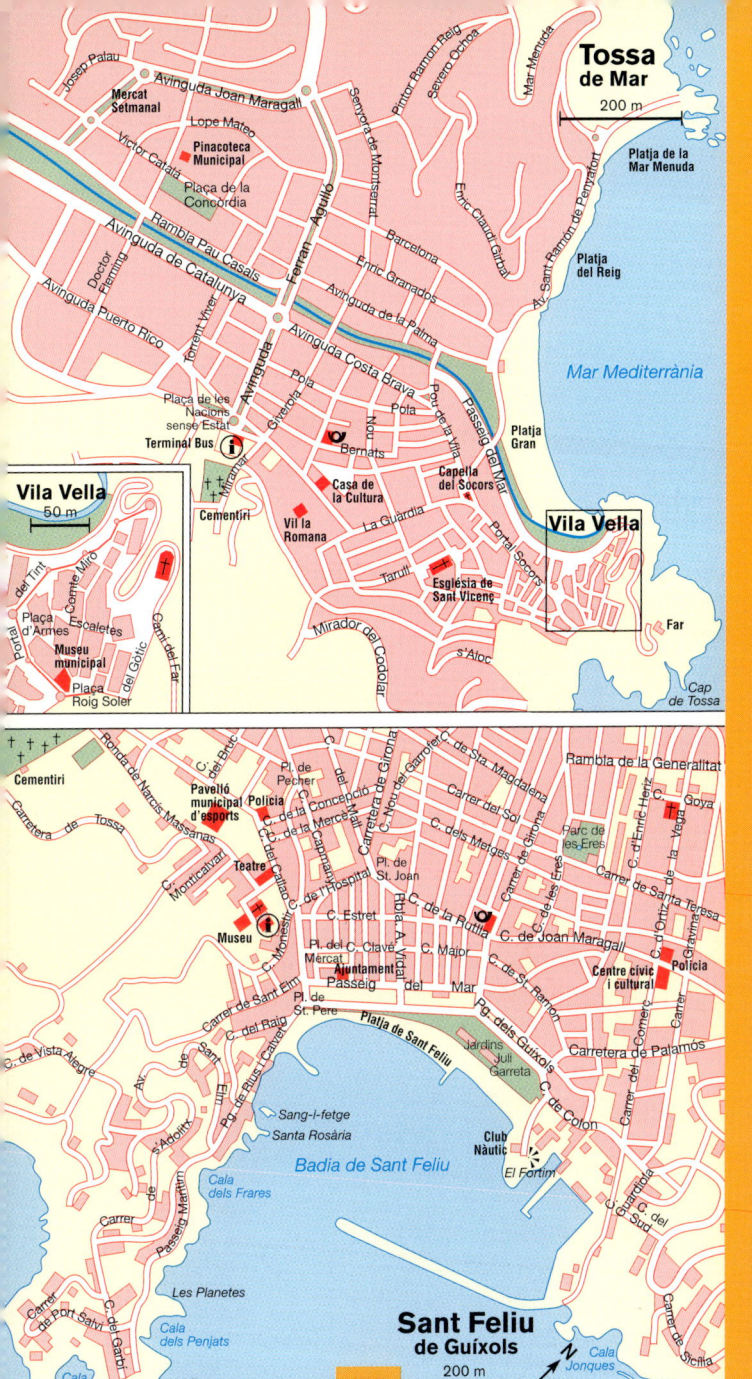

total relaxed in den urlaub: übung für fortgeschrittene

1. schliessen sie die augen und denken sie intensiv an das wunderbare wort „ferienmietwagen zum alles inklusive preise". stellen sie sich viele extras vor, die bei holiday autos alle im preis inbegriffen sind:

- unbegrenzte kilometer
- haftpflichtversicherung mit min. 1,5 mio €uro deckungssumme (usa: 1,1 mio €uro)
- vollkaskoversicherung ohne selbstbeteiligung
- kfz-diebstahlversicherung ohne selbstbeteiligung
- alle lokalen steuern
- flughafenbereitstellung
- flughafengebühren

2. atmen sie tief ein und lassen sie vor ihrem inneren auge die zahlreichen auszeichnungen vorbeiziehen, die holiday autos in den letzten jahren erhalten hat.

sie buchen ja nicht irgendwo.

3. nehmen sie ganz ruhig den hörer, wählen sie die telefonnummer **0180 5 17 91 91** (12cent/min), surfen sie zu **www.holidayautos.com** oder fragen sie in ihrem reisebüro nach den topangeboten von holiday autos!

kein urlaub ohne

holiday autos

MARCO ⊕ POLO

Für Ihre nächste Reise gibt es folgende Titel:

Deutschland

Allgäu
Amrum/Föhr
Bayerischer Wald
Berlin
Bodensee
Chiemgau/
  Berchtesgaden
Dresden
Düsseldorf
Eifel
Erzgebirge/Vogtl.
Franken
Frankfurt
Hamburg
Harz
Heidelberg
Köln
Leipzig
Lüneburger Heide
Mark Brandenburg
Mecklenburgische
  Seenplatte
Mosel
München
Nordseeküste:
  Schleswig-Holst.
Oberbayern
Ostfries. Inseln
Ostfriesland:
  Nordseeküste
  Niedersachsen
Ostseeküste:
  Mecklenburg-
  Vorpommern
Ostseeküste:
  Schleswig-Holst.
Pfalz
Potsdam
Rügen
Schwarzwald
Spreewald/Lausitz
Stuttgart
Sylt
Thüringen
Usedom
Weimar
Die besten Weine
  in Deutschland
Die tollsten
  Musicals in
  Deutschland

Frankreich

Bretagne
Burgund
Côte d'Azur
Disneyland Paris
Elsass
Frankreich
Frz. Atlantikküste
Korsika
Languedoc-
  Roussillon
Loire-Tal
Normandie
Paris
Provence

Italien
Malta

Capri
Dolomiten
Elba
Emilia-Romagna
Florenz
Gardasee
Golf von Neapel
Ischia
Italien
Italien Nord
Italien Süd
Ital. Adria
Ital. Riviera
Mailand/
  Lombardei
Malta
Oberital. Seen
Piemont/Turin
Rom
Sardinien
Sizilien
Südtirol
Toskana
Umbrien
Venedig
Venetien/Friaul

Spanien
Portugal

Algarve
Andalusien
Azoren
Barcelona
Costa Blanca
Costa Brava
Costa del Sol/
  Granada
Fuerteventura
Gomera/Hierro
Gran Canaria
Ibiza/Formentera
Lanzarote
La Palma
Lissabon
Madeira
Madrid
Mallorca
Menorca
Portugal
Spanien
Teneriffa

Nordeuropa

Bornholm
Dänemark
Finnland
Island
Kopenhagen
Norwegen
Schweden

Osteuropa

Baltikum
Budapest

Königsberg/ Ost-
  preußen Nord
Masurische Seen
Moskau
Plattensee
Polen
Prag
Riesengebirge
Rumänien
Russland
St. Petersburg
Slowakei
Tschechien
Ungarn

Österreich
Schweiz

Berner Oberland/
  Bern
Kärnten
Österreich
Salzburg/
  Salzkammergut
Schweiz
Tessin
Tirol
Wien
Zürich

Westeuropa
und Benelux

Amsterdam
Brüssel
England
Flandern
Irland
Kanalinseln
London
Luxemburg
Niederländ. Küste
Niederlande
Schottland
Südengland
Wales

Südosteuropa

Athen
Bulgarien
Chalkidiki
Griechenland
  Festland
Griechische
  Inseln/Ägäis
Ionische Inseln
Istrien/Kvarner
Istanbul
Korfu
Kos
Kreta
Kroatische Küste
Peloponnes
Rhodos
Samos
Türkei
Türkische
  Mittelmeerküste
Zypern

Nordamerika

Alaska
Chicago und
  die Großen Seen
Florida
Hawaii
Kalifornien
Kanada
Kanada Ost
Kanada West
Los Angeles
New York
Rocky Mountains
San Francisco
USA
USA Neuengland
USA Ost
USA Südstaaten
USA Südwest
USA West
Washington, D.C.

Mittel- und
Südamerika
Antarktis

Antarktis
Argentinien/
  Buenos Aires
Bahamas
Barbados
Brasilien/
  Rio de Janeiro
Chile
Costa Rica
Dominikanische
  Republik
Ecuador/
  Galapagos
Jamaika
Karibik I
Karibik II
Kuba
Mexiko
Peru/Bolivien
Südamerika
Venezuela
Yucatán

Afrika
Vorderer Orient

Ägypten
Dubai/Emirate/
  Oman
Israel
Jemen
Jerusalem
Jordanien
Kenia
Libanon
Marokko
Namibia
Südafrika
Syrien
Türkei
Türkische
  Mittelmeerküste
Tunesien

Asien

Bali/Lombok
Bangkok
China
Hongkong
Indien
Japan
Ko Samui/
  Ko Phangan
Malaysia
Nepal
Peking
Philippinen
Phuket
Singapur
Sri Lanka
Taiwan
Thailand
Tokio
Vietnam

Indischer Ozean
Pazifik

Australien
Hawaii
Malediven
Mauritius
Neuseeland
Seychellen
Südsee

Sprachführer

Arabisch
Englisch
Französisch
Griechisch
Italienisch
Kroatisch
Niederländisch
Norwegisch
Polnisch
Portugiesisch
Russisch
Schwedisch
Spanisch
Tschechisch
Türkisch
Ungarisch

In diesem Register sind alle in diesem Führer erwähnten Orte, Ausflugsziele und Strände verzeichnet. Halbfette Seitenzahlen verweisen auf den Haupteintrag, kursive auf ein Foto.

Aiguablava *50,* 53, 84
Aiguafreda 52, 53
Aiguamolls de
l'Empordà s.
Parc Natural dels
Aiguamolls de
l'Empordà
Aiguaxelida 53
Aquabrava
Wasserpark/Roses
48, 91
Aquadiver Wasserpark/
Platja d'Aro 64, 92
Badia de Roses 48
Barcelona 8, 13, 14,
16, 17, 23, 24, 25,
26, *28,* 85, 87, 91,
94, 95, 96, 98, 99
Begur 25, **51,** 84, 98
Blanes 7, 25, **69,** 85
Butterfly Park/
Empúriabrava 91
Cadaqués *4,* 7, 23, 25,
31, *34,* 48, 82, 98
Cala Giverola/
Tossa de Mar 79
Cala Llado/Roses 48
Cala Montgó 40/
L'Escala
Cala Montjoi/Roses 83
Cala Mosca/Roses 48
Cala Murtra/Roses 48
Cala Nans/
Cadaqués 34
Cala Petita/Portbou 45
Caldes de Malavella
73
Calella de Palafrugell
10, 54, **62,** 84
Calonge 62
Cantallops 46
Canyelles Grosses/
Roses 48
Cap de Begur 53
Cap de Creus s.
Parc Natural del
Cap de Creus

Cap Ras/Llança 43
Castell d'Aro 64
Castell de Montgrí 57
Castell de Requesens
46
Castell Sant Salvador
43
Castelló d'Empúries
48, 83
Colera 45
Cucurucuc de les
Seves 35
Dolmen de la
Cova d'en Daina 62
El Cortalet 16, 49, 92
El Pení **35,** 48
El Port de la Selva **43,**
82, 88, 89
Empúriabrava **49,** 91
Empúries 10, 15, **40,**
41, 83
Ermita de
Sant Sebastià 35
Figueres 7, 11, 13, 14,
23, 31, **35,** 81, 92
Fornells 53
Girona 7, 15, 23, 24,
68, 69, **70,** 84, 87,
93, 95, 96, 98
Grifeu 43
Illes Medes 16, **60,**
83, 88
Jardí Botànic
Marimurtra/Blanes
69, *80,* 85
Küstenstraße nach
Tossa de Mar 67
La Bisbal 7, 15, 23,
53
La Farella/Llança 43
La Jonquera 46
L'Escala 17, **39,** 83, 88
L'Estartit **57,** 83, 88,
92, 98
Les Llaunes 42
Les Planetes/Sant Feliu
de Guíxols 67

Llafranc 25, **63,** 84
Llançà **42,** 82
Lloret de Mar 11, 25,
73, 85, 88, 91, 93,
98
Mas Rahola 48
Meda Gran 60
Medes-Inseln s.
Illes Medes
Mirador de la Creu 52
Palafrugell **63,** 85
Palamós 7, 9, 25, **60,**
85, 92, 98
Palau Saverdera 49
Pals **56,** 84
Parc Animal de
Sobrestany 93
Parc Natural dels
Aiguamolls de
l'Empordà 7, **49,**
83, **92**
Parc Natural del
Cap de Creus 7, **35,**
82, 88, 89
Peralada **38,** 87
Peratallada 56
Platja d'Aro 11, **63,**
85, 91, 92, 93
Platja d'Empúries/
L'Escala 40
Platja de Pals 84
Platja de Riells/
L'Escala 40
Platja de Sa Conca/
Cadaqués 33
Platja de Santa Ana/
Blanes 69
Platja de Sabanell/
Blanes 69
Platja de Santa
Margarita/Roses 48
Platja del Castell 63
Platja del Pí 45
Platja del Ros/
Cadaqués 33
Platja Gran/Cadaqués
33

Platja Sant Feliu 67
Platja Sant Pol/Sant
   Feliu de Guíxols 67
Portbou 44
Port Lligat
   13, *30,* **35,** 82
Port Salvi/Sant Feliu
   de Guíxols 67
Púbol 83
Puig Alt 48
Puig d'Esquers 45
Puig de l'Àliga 48
Puig Rom 48
Punta 84
Punta del Pí 44
Romanya de la

Selva 62
Roses 15, 17, **46,**
   83, 91
Sang i Fetge/Sant
   Feliu de Guíxols 67
Santa Cristina
   d'Aro **67,** 87
Sant Feliu de Guíxols
   7, 25, **64,** *65,* 85,
   88, 92, 93, 98
Sant Marti d'Empúries
   41
Sant Pere Pescador
   41, 89
Sant Pere de Rodes
   35, **44,** 82

Sa Tuna 53
Schloss Púbol 83
Tamariu 53, 84
Teatro Museo Dalí/
   Figueres *13,* **36,** *37,*
   81
Toroella de Montgrí
   25, 57, 83, 84, 93
Tossa de Mar 7,
   13, 24, *69,* **76,** *77,*
   85, 98
Ullastret 10, **56,**
   83
Vilabertrán 39
Water World/
   Lloret de Mar 76, 93

Schreiben Sie uns!

Liebe Leserin, lieber Leser,

wir setzen alles daran, Ihnen möglichst aktuelle Informationen mit auf die Reise zu geben. Dennoch schleichen sich manchmal Fehler ein – trotz gründlicher Recherche unserer Autoren/innen. Sie haben sicherlich Verständnis, dass der Verlag dafür keine Haftung übernehmen kann. Wir freuen uns aber, wenn Sie uns schreiben.

Senden Sie Ihre Post an die MARCO POLO Redaktion,
Mairs Geographischer Verlag, Postfach 31 51, 73751 Ostfildern,
marcopolo@mairs.de

Impressum

Titelbild: Platja de Pals, Strand El Roco (Huber: Ripani)
Fotos: O. Baumli (75); R. Freyer (14, 26, 85); R. M. Gill (U. r., 5 l., 5 r,. 12, 22, 50, 55, 84); HB-Verlag: Widmann (7, 25, 41, 90); Huber: Leimer (80), Ripani (105); G. Jung (2 u., 6, 18, 37); Look: Richter (86); O. Stadler (21); T. Stankiewicz (20, 24, 28, 34, 46, 69, 73, 82, 93); M. Thomas (9); T. P. Widmann (U l., U. M., 1, 2 o., 4, 10, 17, 30, 31, 38, 43, 49, 56, 57, 61, 62, 65, 67, 68, 77, 89, 94)

7., aktualisierte Auflage 2003 © Mairs Geographischer Verlag, Ostfildern
Herausgeber: Ferdinand Ranft, Chefredakteurin: Marion Zorn
Redaktion: Corinna Walkenhorst, Bildredakteurin: Gabriele Forst
Kartografie Reiseatlas: © Mairs Geographischer Verlag/Falk Verlag, Ostfildern
Gestaltung: red.sign, Stuttgart
Sprachführer: in Zusammenarbeit mit dem Ernst Klett Verlag GmbH, Stuttgart, PONS Wörterbücher

Bloß nicht!

**Was Sie an der Costa Brava vermeiden sollten –
ein paar Tipps**

Anhalten auf der Autobahn

Sie sind berüchtigt, die Autobahn-piraten. Meist läuft es so: Ein überholendes Auto gibt Ihnen Zeichen, als ob Sie einen Reifen-schaden hätten. Wenn Sie dann anhalten, stoppt auch der »freundliche« Überholer. Ehe Sie sichs versehen, ist Ihr Fahrzeug ausgeraubt. Vorsicht ist auch auf Rastplätzen, Parkplätzen der Autobahntankstellen geboten.

Zu viel Haut zeigen

Kurze Hosen, oben ohne: Beides ist wunderbar – am Strand. Und nur dort. Shorts während einer langen Autofahrt sind ebenfalls erlaubt. Aber bei Restaurant-, Museums- und Kirchenbesuchen sollten Sie schon einigermaßen bekleidet sein und nicht wie am Strand von Lloret herumlaufen. Ihre Gastgeber lächeln sonst über solche Freiluftclowns.

Auf Nepp hereinfallen

In den großen Touristenzentren und in Barcelona müssen Sie schon aufpassen. Keine Hütchen-spiele mitmachen, nichts von Straßenschleppern kaufen! Auch wenn Sie sogar ein bisschen die Sprache verstehen – Sie werden betrogen.

Wild parken

Sie sollten darauf achten, dass Ihr Auto vorschriftsmäßig abgestellt ist. Die Polizei fackelt nicht lange und schleppt schnell ab. Das ist zwar nicht so teuer wie in der Heimat, aber ärgerlich und mit Schwierigkeiten verbunden. Benutzen Sie in Barcelona besser öffentliche Verkehrsmittel.

Getrennte Rechnungen verlangen

Katalonien ist ein gastfreundliches Land. Nie würde es einem Katala-nen einfallen, in einer Gesellschaft im Lokal getrennte Rechnungen zu fordern. Man zahlt alles zusam-men und kann möglicherweise hinterher aufteilen. Bitte halten Sie sich an diese Regel!

Tischsitten missachten

Setzen Sie sich auf keinen Fall einfach an einen Tisch, an dem schon jemand Platz genommen hat. Das empfinden die Einheimi-schen als grobe Unhöflichkeit, auch wenn Sie es nicht so mei-nen. An der Costa Brava wird gut und reichlich Alkohol angeboten, er schmeckt auch wunderbar – Wein zu Fisch, Kognak zum Café, der Aperitif in der Bar. Nur eine kleine Regel sollten Sie beachten: Der Katalane liebt den Alkohol, aber er verachtet den torkelnden Säufer. Genießen Sie bei Tisch lieber andere Freiheiten: So dürfen Sie bei Hummer und anderen Krustentieren ruhig mit den Fin-gern zugreifen.